介護実習で困らないためのQ&A

実習生としての心得(こころえ)50

青木宏心 編著

中央法規

はじめに

● 本書をお使いいただく皆さんへ

　本書は、介護実習を行う実習生の皆さんをはじめ、介護実習を受け入れる施設の職員の方にも介護実習を実践的な面からイメージしていただける一助になることを願って作成しました。「介護総合演習」や「介護実習」のテキストでは掲載しきれない、より具体的な部分に焦点をしぼり、実際の実習生との会話から、実習生が不安を感じている点やつまずいている点をＱ＆Ａの形式で掲載しています。

　介護実習には、「実習Ⅰ」と「実習Ⅱ」があり、実習受け入れ施設によって、対象者は高齢の方・障害のある方・認知症のある高齢の方など、さまざまです。加えて、法令に定められている450時間の実習は、介護福祉士養成施設(以下、養成施設)がそれぞれ独自に設定している段階があります。本書がそれらを網羅できているとはいえませんが、「実習生の視点」「実習受け入れ施設の視点」「実習生を送り出す養成施設の視点」のほかに、一番大切である「施設利用者の視点」から内容を展開することによって、介護実習を本質的にとらえています。

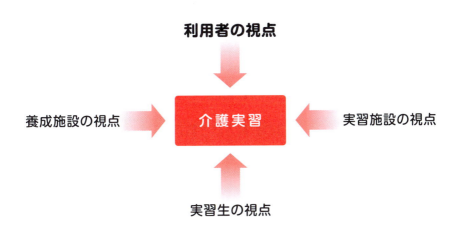

● 介護実習を行う実習生の皆さんへ

　介護実習は、皆さんの生涯にわたる、かけがえのない財産を得られる機会です。実習で体験した出来事は、介護福祉士として職業に就いた後にもたびたび思い出すことがあるほどです。とはいえ、実習に臨（のぞ）むには多かれ少なかれ不安もあるでしょう。それは、未体験の場に身を投じるのですから当然です。
　不安になる要因の一つに、「介護実習をする自分についての具体的なイメージがもてない」ということがあるかもしれません。本書はそのような不安を軽減し、実り多い介護実習とするために活用していただけるよう、具体的な場面を数多く取り上げました。

● 介護実習受け入れ施設の職員の方へ

　申し上げるまでもなく、介護実習の受け入れ施設には、「介護福祉士実習指導者講習会」を受講・修了した職員の方が必ず存在しており、激務にもかかわらず、実習生の教育の柱となって日々ご尽力されていることとお察しします。実習生が、そのような職員の方の仕事ぶりから多くの影響を受けることは、実習を終えた学生の言葉から確認できます。
　しかし、実習生が影響を受けるのは、前述した柱となる職員の方のみではありません。正規職員か非正規職員か？　女性か男性か？　新人かベテランか？　などという、肩書や性差、実務経験年数などの属性は重要ではなく、それらを超越してすべての職員の方から影響を受けるのです。どうか、「できる実習生」と「できない実習生」をその時点で審判するのではなく、「若い芽を育てる」という観点で、水や栄養分を与えてあげてください。

● 介護福祉士養成施設の先生方へ

　養成施設には、それぞれ独自の教育方針と教育内容があるため、本書の記述内容がすべて貴校の教育方針に当てはまらないことも考えられますが、本書を介護実習の一般的な情報としてお役立ていただければ幸いです。

もくじ

はじめに

第1章 実習前のこと

1. 介護実習って、なんのためにするの？ ——2
2. 実習先はどうやって決まるの？ ——5
3. 実習前訪問では何をするの？ ——7
4. 施設の職員さんって怖いの!? ——10
5. 巡回指導って何をするの？ ——12
6. 実習先が遠い…… ——14
7. 何を持って行けばいい？ ——16
8. 実習前日にしておくべきことを教えて！ ——20
   先輩は語る！ 実習前のみんなに伝えたい！ ——23

第2章 実習初日のこと

9. 身だしなみで気をつけることは？ ——26
10. 遅刻しそう！ 具合が悪くて休みたい……ってときは、どうすればいい？ ——30
11. 職員さんと初対面。どう挨拶する？ ——34
12. 「今日の目標」って？ ——36
13. 実習初日終了！ 早速TwitterやFacebookにアップ……ってダメ？ ——39
    Column 守秘義務違反に注意！ 実習中のことを誰かに言いたくなったら…… ——41

第3章　実習中のこと

14. 利用者さんと何を話せばいいかわかりません……　——44
　Column　利用者さんとのコミュニケーションでの落とし穴　——48
15. 利用者さんにけがをさせてしまいそうで怖いなぁ……　——50
16. 利用者さんにお菓子をいただいた。食べてもいいよね？　——53
17. 利用者さんにやたら触られる……これってセクハラ!?　——56
18. おむつ交換や入浴介助が気まずい……　——59
19. 利用者さんに「あなたじゃダメ」と拒否された……　——62
20. 職員さんによって言うことが違う。何が正しいの!?　——65
21. 職員さんに「自由にしていいよ」と言われました　——68
22. 職員さんに叱られてしまいました……　——71
23. 職員さんがなんとなく冷たい　——74
24. 職員さんの連絡先を聞いてもいい？　——77
　Column　積極的な実習生は、ココが違う　——80
25. 休憩時間はどうすればいい？　——82
26. ユニフォームのままで近くのコンビニに行っていい？　——84
27. 休憩時間は何をしてもいいの？　——86
28. 実習記録に何を書けばいいかわかりません……　——89
　Column　記録の時間の使い方　——93
29. 記録はいつ、どこで書くの？　——94
30. 実習記録は自分が読めればいい？　——97
31. 実習中に具合が悪くなったときはどうすればいい？　——100
32. 実習が休みの日はアルバイトしていいの？　——102
33. 帰宅する際に注意することはある？　——104
34. 学校で教わったことや教科書に書いてあったことと違う!?　——106
35. 施設で使われている言葉(略語)がわからない!!　——109
36. 反省会って何を言えばいいの？　——113
37. 反省会で施設の改善点を聞かれました。正直に言っても大丈夫？　——116
　Column　他校の実習生とのかかわり方　——118

第4章　実習最終日のこと

38. 実習最終日。記念に写真を撮ってもいい？ ——122
39. お世話になった施設の職員さん、利用者さんにどう挨拶すればいい？
　　　——124
40. 最終日の実習日誌はいつ提出するの？ ——126
41. 帰る前に気をつけることは？ ——128
　Column　利用者さんとのお別れ…… ——131

第5章　実習後のこと

42. 実習の振り返りって何をするの？ ——134
43. 実習先の施設にお礼状を出す？ ——136
44. 施設の利用者さんや職員さんが忘れられない ——138
45. 実習した施設に就職できる？ ——140
　先輩は語る！　実習に行ってみてわかったこと ——142

第6章　実習生を受け入れる側のこと

46. 実習生を受け入れるのって面倒じゃないですか？ ——146
47. 「実習指導者」って何者？ ——149
48. 「頑張っているなぁ」と感心するのはどんな実習生？ ——152
49. 「これは困る」というのはどんな実習生？ ——155
50. 施設の人は、実習生にどんなことを求めているの？ ——158
　Column　介護過程の展開……の前に ——160

おわりに —— 162

巻末資料 —— 164
　実習に役立つ謙譲語
　相手の意向を尋ねる言葉
　実習に役立つ敬語
　人が好きなことば
　人が嫌いなことば
　年齢早見表
　四季折々の伝統行事
　長寿のお祝い

第1章 実習前のこと

Q1 介護実習って、なんのためにするの？

学校の外で、友達や先生もいない環境で実習ができるかとても心配です。どうして実習に行かなければならないのですか？ 学校で学ぶだけではだめですか？

A

介護実習は、実際に高齢の方や障害のある方が生活する場で、学校で学んだことを実践すること、実際に介護の仕事をしている職員さんの働く様子を目にすることに大きな意義があります。学校で友達相手にはうまくできていた生活支援技術もコミュニケーション技術も、利用者さんを相手にするとなぜかうまくいかなくて四苦八苦する先輩もたくさんいました。

先輩のつぶやき

- 他の子は二人組で実習に行くのに、自分だけ1人。正直ヘコんだ……。
- 学校での勉強よりも楽しいかも！と思った。
- 実習前は、実習に行く理由がぴんとこなかった。でも、行ってみてよくわかった。行ってみなきゃわからないかな。
- 施設に行けるっていうだけで、すごくワクワクした！

介護実習に行く理由

1 直接的なふれあいを実感しよう

　レシピを眺めているだけで、おいしい料理が作れますか？　恋愛シミュレーションゲームをしているだけで恋人ができますか？　それと同じことです。

　学校でいくら勉強しても、それはあくまでも「机上の学問」。実際の「介護を必要とする人」は、一人ひとりが異なる疾病や障害、生活歴のある「個人」です。そんな人たちと直接ふれあうことのできる機会が、介護実習なのです。

　学校で学んださまざまな知識や技術を、実際の利用者さんに提供するという体験を通して、皆さんが目指す「介護福祉士が行う介護」とはどのようなものなのかを実感してください。

2 実際の介護福祉士の仕事を知ろう

　直接的な生活支援としての介護業務以外にも、会議や行事、委員会、生活相談員や看護師、リハビリテーションスタッフなどとの連携、家族からの相談など、学校で習うこと以外にも介護福祉士にはたくさんの仕事があります。そして、それらはすべて利用者さんの「よりよい生活」のために必要不可欠なものです。

　その経験が、皆さんが介護福祉士となって実際の介護現場で働くときの、しっかりした土台になるのです。

3 学校で学ぶことの意義を確認しよう

　実習を通して自分自身の課題に気づいたり、介護の現場で行われていることに疑問をもったりしたら、学校にもち帰って友達や先生と議論するなど、納得のいく解決方法を見つけるためにはどうすればいいのか考えてみましょう。それによって、学校で学ぶことの意義も再確認できます。

4 「理想の介護福祉士」との出会い

　皆さんが将来どんな介護福祉士になって働きたいか、その夢をすでに実現している「理想の介護福祉士」と出会えるかもしれない、それが実習に行く理由でもあります。

「自分もこんなふうに優しい声かけをしながら丁寧(ていねい)におむつを替えられるようになりたい」
「どの利用者さんからもこんなふうに信頼される職員になりたい」
「いつも機嫌の悪い利用者さんが、どうしてこの人の前ではニコニコするのだろう」
など、介護実習の現場には、大勢の「介護の達人」がいます。達人の技を見て盗むには、実際の介護場面を目の当たりにするしかないのです。
　そして「自分も実習生のときにこんなことやっちゃってさー」と、職員さんの学生時代の失敗談や、どうして介護福祉士になろうと思ったのか、たくさんの体験談を聞くことができるのも実習生の特権です。

第1章　実習前のこと

実習先はどうやって決まるの？

家の近くに、中学生の頃にボランティアで行った老人ホームがあります。そこで実習したいのですが、ダメでしょうか？

A　どのような施設に何日間実習に行くかは、学校の実習の進め方によって異なります。実習先の種類は、利用者別でみると高齢者福祉施設と障害者福祉施設、事業内容別でみると入居施設と通所施設、訪問介護事業所に大きく分けられます。全部の種類に行く学校もあれば、このなかの2、3種類に行く学校もあります。実習先を選ぶ理由もさまざまです。

- 先生から「特別養護老人ホームと介護老人保健施設、どっちがいい？」って聞かれたけど、違いがわからなかった……。
- 候補のなかから自分で選んだけど、先生が決めても自分で選んでも、そんなに変わらなかったと思う。
- 実習先が発表される前の日はドキドキして眠れなかった……。

実習施設を選ぶ基準

1 一定基準を満たしているか

　実習をお願いする施設には、一定の基準をクリアしていることが求められます。介護保険法や障害者総合支援法※などに定められた施設・事業所のなかで、介護職員のなかに介護福祉士が3割以上いるか、マニュアルがあるか、研修等があるか、実習指導者講習を受講した実習指導者がいるかなど、法令が定める基準を満たした施設だけが、介護実習を受け入れることができるのです。

※　障害者総合支援法とは「障害者の日常生活及び社会生活を総合的に支援するための法律」のこと。

2 交通の便や施設の取り組みなど

　その他にも、皆さんが住んでいる場所からの交通の便がいいか、熱心な指導者さんがいるか、卒業生が就職して活躍しているか、実習生をかわいがってくれる利用者さんがいるか、魅力的な取り組みをしているかなど、先生方はあらゆる面で実習施設を選び抜いているのです。

●実習先はこんなとこ！

施設	概要
特別養護老人ホーム	入居された方を看取りまで支援します。
介護老人保健施設	病院を退院された方が自宅に帰れるように、リハビリテーションの支援をします。
グループホーム	小規模な人数を家庭に近い環境で支援します。
居宅サービス事業所	通所リハビリテーションや通所介護（デイサービス）、訪問入浴介護などのサービスがあり、自宅で生活する方を支えます。
訪問介護（ホームヘルプサービス）事業所	身体介護と生活援助を行い、住み慣れたわが家でできるだけ長く生活できるよう支援します。
障害者施設	入居・訪問・共同生活、さまざまな形での生活を支援します。
障害児施設	通所支援事業所や入居型施設で知的・身体、さまざまな障害のある子どもたちの発達と生活を支援します。

第1章　実習前のこと

Q3 実習前訪問では何をするの？

実習前訪問で何をするのか不安です。それによって髪型や服装、持ち物も変わりますか？　実習前訪問がない場合はどうしたらいいですか？

A

実習前訪問は、施設の概要に関するオリエンテーションや施設見学をすることが中心です。実習中のプログラムに関する説明を受けるほか、実習するフロアを案内してもらったり、実習中に使う更衣室やロッカー、休憩室の説明を受けたりします。実習への不安を解消するまたとないチャンスなので、どんどん質問をしてモチベーションを高めていきましょう。

 先輩のつぶやき

- 施設見学と実習スケジュールの説明を受けました。真剣にメモしていたら「リラックスして！」と言われて肩の力が抜けました。
- 一緒に行く友達と服装の相談をしていなくて……。友達はスーツ、自分は私服。「やっちゃった！」と思いました。
- 卒業したゼミの先輩が、玄関で心配そうに待っていてくれて、涙が出そうになりました。

実習前訪問の目的

1 実習への不安を解消する

　オリエンテーションでは、皆さんが実習に向けて不安を感じていることや疑問に思っていることを質問できる時間もあります。遠慮せずにどんどん質問して、わかったことを実習計画に活かせば、実習がより深いものになるでしょう。

　また、施設見学では、どんな利用者さんがいるのか、どんな職員さんが働いているのか、フロアの雰囲気を感じることで、ずいぶん不安が減るものです。そこで実習をしている自分の姿を想像してみてください。きっと笑顔で利用者さんと楽しく過ごしているはずですよ。

2 施設までの行き方を理解する

　実習前訪問に行く理由のもう一つは「施設までの行き方を理解すること」です。ですから、もし実習前訪問がない場合でも、必ず実習前に一度は施設まで行ってみましょう。電車の乗り換え、駅からの道、途中にコンビニがあるかなど、焦らないように準備をすることで、安心して実習初日を迎えることができます。

遅刻やドタキャンは厳禁です！

第1章 実習前のこと

●実習前訪問のときの準備

自然な色の髪にすること。前髪は目にかからない長さにしましょう。

スーツを嫌がる利用者さんもいます。先生と相談しましょう。
相手に失礼のない服装で訪問すること！

最寄り駅から施設までの地図はプリントアウトしておいたほうが無難！駅から○分、と書かれていても、10分は余裕をみよう。

訪問のアポイントを取るときに、持ち物の確認を！筆記用具は必需品ですが、それ以外に上履きが必要かどうかなど。

きれいな靴で行くこと。「靴の汚れは心の汚れ」と言われることもあります。

Q4 施設の職員さんって怖いの！？

先輩たちに聞くと、施設の職員さんは常に忙しそうにしていて、話しかけたら嫌味を言われたり、怒鳴られたりしたって……。施設の職員さんって、そんなに怖いんですか！？

A

職員さんは学校の先生ではありません。本来のお仕事は、施設や在宅で生活する利用者さんの生活を介護で支えること。実習生の面倒をみることではありません。実習では、利用者さんの生活の場、職員さんの仕事の場におじゃまさせていただくわけですから、誰もが真剣な顔をする場面があって当然です。怖いのではなく、真剣なだけなのです。

先輩のつぶやき

- すごく忙しそうでなかなか話しかけられなかったけど、話してみたらとても優しい人だったよ。
- 厳しいことも言われたけど、すべて利用者さんの安全のためだとわかって、納得したな。
- 恋愛話や趣味の話、なんでこの施設に就職したかとか、熱く語ってくれてうれしかった。

怖いのではなくて、真剣なだけ

1 利用者さんの命を預かる仕事だからこそ、厳しくなる

　介護とは、人の命を預かる仕事です。判断ミスや一瞬の見逃しが利用者さんの健康や安全な生活、そして時には命を奪うことになりかねません。だからこそ、職員さんも厳しい表情や口調になることがあるのです。皆さんは、「失敗しちゃったんだ〜。ドンマイ!!」と笑いながら軽い口調で言う職員さんと、厳しい口調で指導する職員さんのどちらが信用できますか？

　仕事のなかにも、気を抜いていい時間と神経を張り詰めなければいけない時間があります。そこを見極めて、職員さんがほっと気を緩めているときに質問してみてはどうでしょう。

2 実習を経験した職員さんだからこそ、厳しくなる

　介護実習を経て就職した職員さんにとって、実習生の姿はかつての自分でもあります。自分が実習のときにできなかったことや後悔したことを繰り返して欲しくないから、つい熱心にあれこれ教えたくなるのだそうです。その熱心さがちょっと怖かった……ということがあるかもしれません。

　職員さんにも実習生の時代があったのです。信じられないかもしれませんが、それがみんなのたどってきた道なのです（皆さんの学校の先生にも実習生だった時代があるのですよ）。

　もしも本当に怖い職員さんがいたら、あなたが介護福祉士になって実習生を受けもったときに、同じことは絶対にしないと心に決めればいいのです。

　いい反面教師に出会えたなと感謝しましょう。

Q5 巡回指導って何をするの？

実習期間中に、先生の巡回指導があると聞きましたが、どんなことをするのでしょうか？ また、どんな準備をしておけばいいでしょうか？

巡回指導は週1回、1人30分を基本に実施されます（帰校日がある週には実施されない場合もあります）。実習の進度の確認や体調面、精神面の健康状態の確認のほか、必要に応じた助言などをすることにより、実習を順調に進めることを目的としています。実習がつらいと愚痴(ぐち)をこぼしたくなるものですが、今後の実習に向けて、できるだけ建設的な話をしましょう。

●気難しい利用者さんにどのように接したらよいのか、巡回指導の先生からアドバイスをもらいました。

●実習中に実習指導者さんから注意された技術面での課題などを巡回指導の先生に報告しました。

●実習がつらくて仕方なくて、巡回指導の先生に愚痴をこぼしてしまいました。

第1章 実習前のこと

巡回指導の内容

　実習段階によって多少異なる部分はありますが、巡回指導はおおよそ以下のようなことをします。あらかじめイメージしておきましょう。

●巡回指導で行うこと

第❶週目
- 健康状態の確認
- 実習日程(変則勤務や休日、配属フロア)の確認
- 個別援助計画の対象利用者決定までの注意点の確認
- 実習日誌の内容の確認と指導
- 利用者と接する状況の確認と助言
- 職員から受けた指導などの確認
- 実習指導者との面談　など

第❷週目
- 健康状態の確認
- 個別援助計画の進捗状況の確認
- 作成物(記録類)の仕上がり状況の確認
- 実習日誌の内容の確認と指導
- 利用者と接する状況の確認と助言
- 職員から受けた指導などの確認
- 実習指導者との面談　など

第❸週目
- 健康状態の確認
- 個別援助計画の進捗状況の確認
- 実習反省会への臨み方(発表内容の整理と発表方法など)
- 実習日誌の内容の確認と指導
- 利用者と接する状況の確認と助言
- 職員から受けた指導などの確認
- 実習指導者との面談　など

第❹週目
- 健康状態の確認
- 個別援助計画の進捗状況の確認
- 最終日の実習日誌の提出方法と記録類の返却方法の確認
- 実習日誌の内容の確認と指導
- 利用者と接する状況の確認と助言
- 職員から受けた指導などの確認
- 実習指導者との面談
- お礼状の作成方法と発送時期の指導　など

Q6 実習先が遠い……

実習先までの経路を調べたら、朝暗いうちに家を出て、帰りも駅につく頃には真っ暗な時間帯。それだけで心が折れそうです……。

A 今から近い実習先に変えてくれと言うのも無理な話。だとしたら、実習先まで遠い分、余計にかかる行き帰りの時間を、どう有効に使うかを考えましょう。

先輩のつぶやき

●実習中は、施設に近い親戚の家に泊まらせてもらいました。気を遣ったけど、記録を書く時間を確保できて正解だったな。

●早番に行くのに始発では間に合わなくて、前の夜にホテルを予約したなあ。

●帰りの電車で記録に書きたいことを携帯メールに入力しながら帰りました。時間が有効に使えて逆によかったかも。

時間を有効に使おう

1 往復時間をいかに有効に使うかを考える

　実習先が遠くなる理由はさまざまあるでしょうが、実習先が決まった今、自宅からの距離は誰の力を使ってもどうにもなるものではありません。

　今できることは、往復の時間をいかに有効に使うかを考えることです。何の考えもなしにただ電車に乗って、携帯やスマートフォンをいじったりゲームをしたり動画を見るだけではもったいないですよ？

　例えば、音楽再生機器に唱歌や利用者さんの出身地の民謡、利用者さんが若い頃に流行った歌などをダウンロードして、レクリエーションの時間に披露できるよう繰り返し聞くとか、利用者さんが服用していた薬の名前や病気の名前を検索サイトで調べるとか、座っていても立っていてもできることはたくさんあります。

　質問しようと思ったことをメモにまとめる、利用者さんの名前、特徴、ケアの注意点をリストにする、「利用者さんとコミュニケーションをとっていて！」と言われたときのために、利用者さんが興味をもってくれそうな話題を考えるとか……。

　むしろ考えすぎて、電車を乗り過ごさないように気をつけましょう。

2 別ルートも調べておく

　実習先が遠いということは、交通機関にアクシデントがあった場合、乗り換え時間がずれ込んで遅刻をしやすいというリスクもあります。冬場の実習では降雪、夏の終わりの実習では台風など、前の日の夜に最新の天気予報をチェックして、荒れた天候になりそうなときは早めに家を出る用意をしておきましょう。もちろん、途中で交通機関がストップしたときのために別ルートをあらかじめ調べておくことも大切です。

Q7 何を持って行けばいい？

初めての介護実習で、何を持って行けばよいか悩んでいます。心配なのであれもこれもと用意したら大荷物に……。本当に必要な物って何ですか？

A 辞書とテキスト、筆記用具といざというときのための着替えと……と、あれもこれもと考えすぎると大荷物になってしまいます。道中の負担も考えながら、介護実習に使う必要最低限の物だけ持って行くようにしましょう。

先輩のつぶやき

●当日の朝になって焦らないように、持ち物チェック表を使って前日の夜のうちに準備しておいたほうがいいよ！

●両手が空くのでリュックのほうが楽かも。歩きやすいし、いざというときにも走りやすい！

●利用者さんから「弁当忘れても傘忘れるな」と言われたので、今もくもりの日には折りたたみ傘を持ち歩いています。

介護実習に必要なもの

1 実習着、上履き

　原則、学校で着用している実習着と上履きを用意しましょう。実習着やジャージの着用を禁止している施設では、派手なプリントがない伸縮性のある動きやすい服装がよいでしょう。

2 入浴介助に必要なもの

　入浴介助時に着用するTシャツと短パン、汗拭きタオルを用意しましょう。Tシャツは派手なものは避けてください。女性は下着が透けて見えないように、白のTシャツは避けましょう。また、入浴介助の実習がある日は、替えの下着も持って行くとよいでしょう。

3 実習記録等の書類

　学校で用意された実習記録等の書類を準備しましょう。
　実習日誌は、当日提出の場合と翌日提出の場合があるので、特に注意が必要です。実習日誌は実習指導者さんが実習生の取り組みを確認し、評価にもつながる重要な書類です。これを忘れることは実習生として失格です。何日も提出をしない実習生は、実習中止になってしまうこともあるので、気をつけてください。

●施設へ提出する実習記録等の書類

●実習日誌	●実施項目チェック表
●実習課題	●個別援助計画
●実習施設の概要	●振り返り、今後の課題

※　学校によって様式等は異なります。

4 筆記用具・印鑑

　ズボンのポケットに入る大きさのメモ帳とボールペンを用意しましょう。印鑑は出席簿に捺印(なついん)することがあります。また、実習記録等の誤字を訂正するときに必要な訂正印も、準備しておくことをお勧めします。

5 辞書・テキスト等

　ちょっとした調べものに、介護用語辞典が一冊あると助かることがあります。電子辞書を用意するのもよいでしょう。学校で使用しているテキストは持参する必要はありません。必要な場合に数冊用意するのはかまいませんが、テキストは事前に目を通しておく、また確認したいことは家に帰ってから確認するようにしましょう。

6 お弁当、飲み物

　介護実習は体力が肝心(かんじん)です。お腹が空いてはよい介護実習ができません。昼食はしっかりと食べて午後に備えましょう。施設によっては、利用者さんの昼食と同じものを有料で提供してくれるところもあります。味付けなど、施設の食事を経験するよいチャンスです。
　飲み物は事前に用意しておくこと。特に夏場は脱水症にならないように、多めに用意しておくとよいでしょう。

第1章　実習前のこと

注意しよう！
お弁当に関する注意点

- お弁当持参の場合…夏場は傷まないように注意！
- 社員給食の場合…実習最終日にまとめて支払う場合は、お釣りがないように！
- 昼休みに購入する場合…施設周辺に購入できる店があるのかチェックしておく！　昼休みに外へお弁当を買いに行くときは勝手に行かず、実習指導者さんの許可を得るようにしてください。

7　状況によって用意するもの

　ノロウイルスやインフルエンザが流行している時期には、実習中にマスクを着用することがありますので、用意しておきましょう。また、レクリエーションで使うものがある場合には、利用者さんに危険がないように配慮し、実習指導者さんの了解を得たうえで持参するようにしてください。

●持ち物チェック表

☐実習着、上履き
☐Tシャツ・短パン・下着
☐タオル(大・小)
☐実習記録等の書類
☐筆記用具
☐印鑑
☐辞書
☐お弁当・飲み物
☐その他(　　　　　　　)

Q8 実習前日にしておくべきことを教えて！

明日から実習ですが、ベッドに入っても不安と緊張で寝られません。それに、何か忘れているような気も……。こんなときは、どうしたらいいですか？

A

いよいよ明日から実習ですね。忘れ物がないか、荷物の確認をしましょう。巡回指導の先生との連絡方法は？ 同じ施設に行く友達との待ち合わせ場所と時間は？ 施設までの交通経路は？ 電車やバスが遅延したときのために施設の電話番号を控えていますか？ 目覚ましは？ でも何より一番大切なのは、ご飯を食べてお風呂に入って早く寝ることです。

●めちゃくちゃ不安で、友達とメールしたりLINEやTwitterで不安を言い合ったりしているうちになんとなく気が晴れました。

●明日インフルエンザになっていたら実習に行かなくてすむのになーって思ったけど、復習のために教科書を開いたらいつの間にか寝ていました。

第1章　実習前のこと

実習前日にするべきこと

　不安や心配で心臓が押し潰されそうになっていることでしょうが、今さらジタバタしても仕方ありません。腹をくくって明日を待つのみです。とはいえ、心配で眠れなくなってはいけないので、絶対忘れてはいけないことをいくつかお答えしましょう。

1 持ち物リストの確認

　学校から、実習に持っていくもののリストをもらっていたら、もう一度かばんの中身とリストとを照らし合わせて確認しましょう（Q7を参照）。エプロンに名前が書いてあるか、メモ帳は持ったか、筆記用具は、なくしたり、途中でインクが出なくなったりしたときのことを考えて、2本以上あるといいですね。メモ帳や筆記用具にも名前を書いておくと、万が一落としたときに安心です。お財布の中には少しだけ余分にお金を入れておくと、遅刻しそうなときにタクシーを使うふんぎりがつきます（ただし、実習中は鍵のかかるロッカーに保管して、盗難などの被害にあわないようにすること）。一日の実習が終わって、記録を書く頃にエネルギーが切れないよう、ちょっとしたおやつを持っていくのもいいかもしれません（ただし、飲食してよい場所で食べること）。
　それから、多いのが上履きを忘れることです。くれぐれも注意しましょう。

2 家族や友達に実習に行くことを伝えておく

　意外と忘れがちなのが、家族に「明日から実習である」と伝えること。万が一寝坊してしまったときの保険に、明日から実習なので必ず何時に起こしてほしいと家族に頼んでおくといいですね。一人暮らしの人は、家族や友達にモーニングコールを頼んでもいいかもしれません。あなたが学校に行くと思っていた家族が、朝あなたを起こさなかったというトラブルを防ぐことができますし、実習から疲れて帰ったあなたのために、おいしいご飯が用意されているかもしれません。一人暮らしの人は、帰ってからご飯を作るのが面倒にならないように、レトルト食品など少し買い置きしておくといいでしょう。

　アルバイトをしている人は、この期間は実習なのでシフトには入れないと早めに伝えておくことも大切です。

　後はあまり不安がっても何もいいことはありません。自分なりの一番リラックスできる環境を作って、明日に備えて早く寝ましょう。

第1章　実習前のこと

先輩は語る！

実習前のみんなに伝えたい！

　実習が始まってから、「もっとあそこを勉強しておけばよかった……」「アレを持ってきておけばよかった……」と思うこともあるはず。
　そこで、実際に実習を終えた先輩に、実習前にやっておけばよかったこと、実習中に気をつけてほしいことを聞いてみました。

やっておけばよかったこと

●技術や知識について振り返ること。特に、寝たきりの人のおむつ交換や体位変換の手順とか、実習前にもう一回教科書を見てみて！
●地元ネタとか戦前戦後の話とか、高齢の方とコミュニケーションをとるためのネタを集めておけばよかった……。
●自分の目標とすべきことを実習前から考えておけばよかった。せっかくの機会だったのに、目標がはっきりしていなかったから漠然とした実習になっちゃってもったいなかった。
●自分が行く施設がどういう施設なのかしっかり調べておけばよかった。「介護老人保健施設」とか「特別養護老人ホーム」とか、言葉としてはよく聞くけど、具体的に何がどう違うのかわからなかった。将来自分が働くかもしれない職場のことくらい、ちゃんと知っておかないとね！

ここに気をつけて！

●ふだんは学生同士で生活支援技術の練習をしているけど、実習中は高齢の方や障害のある方に介護をするので、力の入れ具合が難しかった。ちょっとしたことで皮膚が剥離しちゃうと習ったし……。利用者さんにけがをさせないように気をつけて！

- 職員さんとの何気ない会話のなかにもヒントがある。職員さんともっとコミュニケーションをとって！
- 誰かが一度問題を起こすと、同じ学校というだけで後輩も「○○学校の実習生ね……」という先入観でみられることも。自分に続く後輩のためにも、ふるまいには気をつけて！
- 職員さんからの指示を待っていたら、「消極的」とみられてしまった。もっと自分のやりたいことをアピールして！
- 個別援助計画を立てることを考えると、一人ひとりの利用者さんをもっと細かくみてもよかったかな。
- 実習前にたくさん練習したのに、緊張してすべてを発揮できなかった。緊張したらそんなものかもしれないけど……。

第2章

実習初日のこと

Q9 身だしなみで気をつけることは？

いよいよ始まる介護実習。実習生としての身だしなみって、一体どのようなところに気をつけたらいいの？

A 人は、情報の約8割を視覚から得るといわれています。特に、初対面での第一印象はとても重要です。相手に不快感を与えないよう清潔な身なりを心がけ、利用者さんにけがをさせる可能性があるものは、からだから取りはずしておきましょう。介護実習はオシャレを披露(ひろう)する場ではないことを忘れずに！

先輩のつぶやき

- 施設の最寄りの駅で友達と待ち合わせた際に、お互いの身だしなみをチェックし合いました。
- 鏡の前で笑顔を作るトレーニングをしました。利用者さんから「笑顔が素敵ね」と言ってもらえました。
- きちんとしていなくて注意されることはあっても、きちんとしていて注意されることはないと思いました。

第2章　実習初日のこと

第一印象をよくするポイント

1 ハロー効果を上手に使う

　初対面の人が素敵な笑顔を見せてくれたとき、優しくされたことがなくても「この人はとても優しそう」と感じてしまうことがあります。このように、初めの印象が過大に解釈されて相手に映ることをハロー効果といいます。このハロー効果を、介護実習で上手に使いましょう。

2 服装のポイント

　実習中の服装は、学校指定の実習着が基本となります。施設によっては、カジュアルな服装でもよい場合もありますが、破れたジーンズや派手なプリントシャツ等はやめておきましょう。最近ではジャージを着用しない施設もあるので、実習前訪問の際に確認しておいてください。ふだんの癖で、ズボンを腰ではかないように（いわゆる腰パン）！　実習中に着用した服は、見た目が汚れていなくても毎日持ち帰り洗濯してください。実習中は清潔感のある動きやすい服装と、安定感のある靴を選びましょう。

3 髪型、お化粧、香水

　顔は、その人を判断するうえでとても重要な部分です。男性は毎朝髭剃りをすることも忘れないようにしましょう。常に相手に自分がどのように映るのかを考えておくことが大切です。
　金髪や茶髪は皆さんにとってはオシャレでも、利用者さんや職員さんの目には「不真面目そう」と映ってしまうことがあります。介護実習はオシャレを披露する場面ではありません。明るい色の髪をしている人は、自然に見える程度の色に落としましょう。また、髪が長い場合には乱れないように小さくまとめ、前髪も目が隠れないくらいの長さにしましょう。寝坊したからといって寝ぐせのままで実習施設に行くようなことがないように気をつけてください。
　女性の場合、化粧はナチュラルメイク程度の薄化粧を心がけてください。香

水も、自分にはよい香りでも、相手には不快な場合もあります。食事介助の際、香水の香りがせっかくのおいしそうな食事のにおいをかき消してしまうこともありますのでやめておきましょう。

4 爪

　介護実習では、移動介助や入浴介助など、利用者さんと接触する場面が多くあります。そのような場面で利用者さんを傷つけることがないように、爪は短く切り、角がないようにしましょう。また、マニキュアは落としてください。

5 装飾品など

　移乗介助や入浴介助をする際、装飾品で利用者さんを傷つけてしまう危険があります。指輪やネックレス、ピアス、イヤリングなどの装飾品は身に付けないようにしましょう。また、胸ポケットに差したままのペンや腕時計も実習中はズボンのポケットに入れて、必要なときに取り出すようにしてください。

注意しよう！
実習生の服装が、施設の評判につながる!?

　周囲の人たちは、皆さんが実習生であるということは言われないとわかりません。そのため、利用者さんの家族や近隣の人たちは、皆さんのことを、「施設で働いている職員」としてみることがあります。実習生の服装が、実習施設の評判につながることも頭においておきましょう。

第2章 実習初日のこと

●身だしなみチェック表

身だしなみ項目	チェック項目
服装(行きかえり)	□派手ではない □清潔である
服装・靴(実習中)	□動きやすい □清潔である
髪型・髭	□長髪を小さくまとめている □前髪が目にかかっていない □寝ぐせがない □髭が伸びていない
お化粧	□厚化粧ではない □香りの強い香水をつけていない
爪	□爪が伸びていない □爪の角がない □マニキュアはしていない
装飾品（指輪・ネックレス・ピアス・イヤリング）	□装飾品を身に付けていない

●実習中の身だしなみ

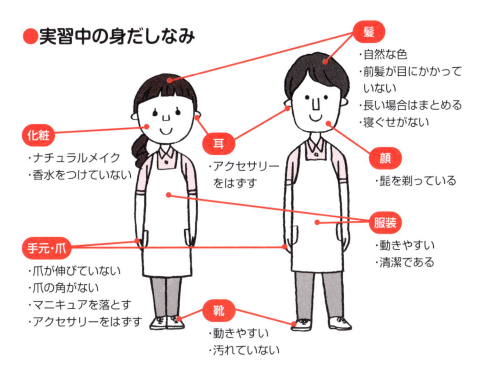

化粧
・ナチュラルメイク
・香水をつけていない

耳
・アクセサリーをはずす

手元・爪
・爪が伸びていない
・爪の角がない
・マニキュアを落とす
・アクセサリーをはずす

髪
・自然な色
・前髪が目にかかっていない
・長い場合はまとめる
・寝ぐせがない

顔
・髭を剃っている

服装
・動きやすい
・清潔である

靴
・動きやすい
・汚れていない

Q10 遅刻しそう！ 具合が悪くて休みたい……ってときは、どうすればいい？

ヤバい！ バスが遅れて実習の開始時間に間に合いそうにない！ 熱が出て体調が悪いから休みたい……。そのような場合、いつ、誰に連絡をしたらいいの？

A

遅刻や欠席をする場合は、遅くとも実習開始時刻の30分前までに施設に電話をしましょう。その後に、巡回指導の先生に連絡してください。

- いざというときのために、同じ施設に実習に行っているメンバーと連絡先を交換しました。
- 体調が悪いのに無理して行って、施設に迷惑をかけるより休んだほうがいいよ。
- 実習を休んだ分の補講がいつ入ってもいいように、週末や実習後の予定は空けておきました。

第2章 実習初日のこと

遅刻や欠席の場合の連絡手順

1 まずは施設に電話！

　遅刻や欠席の連絡は、必ず電話でしましょう。電話をかけることができないほど体調が悪い場合を除き、家族ではなく必ず自分で電話をすること。メールでの連絡は、施設の職員さんの確認が遅くなる場合があるのでNGです。

　連絡するタイミングとしては、実習開始の30分前くらいがベスト。事務職員さんや実習指導者さんが出勤する時間帯を考えて、伝える内容を整理したうえで手短に伝えてください。

●遅刻や欠席の場合に伝える内容

伝えること	例
学校名、氏名、実習生であること	「おはようございます。介護実習でお世話になっている○○学校（△△大学）の□□です」
遅刻の場合	「今、○○駅からそちらに向かっているのですが、電車が遅れていて実習の開始時刻に間に合いそうにありません。あと30分後には到着できると思います」[※1]
欠席の場合	「今朝、37.5℃の熱があるため、本日の介護実習を休ませていただきたいのですが、よろしいでしょうか」[※2]

※1　遅刻の場合には現在の場所を伝え、大体の到着予想時刻を伝える。電車の遅れについては、下車駅の改札で遅延証明書を配布することがあり、遅延したことの証明になる。
※2　この時点では、補講の実施についての話はしない。

2 巡回指導の先生に連絡

　実習施設に連絡した後は、巡回指導の先生にも連絡を入れてください。介護実習は決められた時間を実施することとなっていますので、遅刻や欠席をした場合、その分の補講が必要になります。実習施設と巡回指導の先生でその日程を調整する場合もあります。

3 他の実習メンバーに連絡

　一緒に実習に行っているメンバーと待ち合わせをしている場合には、そのメンバーにも必ず連絡をしてください。連絡がないと、あなたを待ち続けてそのメンバーも遅刻しかねません。そのためにも、お互い実習前に連絡先の交換をしておきましょう。

注意しよう！
体調が戻って実習に行くことができたら……

　あなたが介護実習を休んだことを実習指導者さんはとても心配しているはずです。朝一番にやるべきことは、実習指導者さんのところに行き、心配をかけてしまったこと、迷惑をかけてしまったことへのお詫びをすること。これから気持ちよく介護実習を始めるために必要な礼儀として、しっかりお詫びの言葉を伝えましょう。

4 補講の際の留意点

　補講実習の日程は、基本的に実習施設が決めるものです。自分の都合を優先せず、伝えられた日程の指示に従いましょう。急な病気や遅刻によって補講が必要になる場合もあるので、実習終了直後に予定を入れないようにするほうがよいでしょう。

第2章　実習初日のこと

●補講実習の日程を決めるときの会話例

NO GOOD

補講日を実習期間終了後の週明けに実施するけど大丈夫？

来週はアルバイトが入っているので、ちょっと厳しいです……

例①

補講だけど、いつがいい？

そうですね……、自分は明日でも別にいいですよ

例②

正しい答え方は

GOOD

補講日を実習期間終了後の週明けに実施するけど大丈夫？

はい。ご迷惑をおかけしますが、施設のご都合のよい日によろしくお願いいたします

→ 補講日が決定したら、巡回指導の先生に連絡を入れ補講日を伝えましょう。

Q11 職員さんと初対面。どう挨拶する？

人見知り＆緊張しがちな性格のため、自分から挨拶するのが苦手です。実習先の職員さんに、どのように挨拶したらよいでしょうか？

A

学生らしく、明るく元気な声で「おはようございます」「よろしくお願いします」と挨拶するのがベスト！　自己紹介は30秒程度で終わらせましょう。施設の朝は忙しいので、長すぎる挨拶はNGです。

先輩のつぶやき

- やる気をアピールしようといろいろ話したものの、今思えばただの長話だったかも……。
- 挨拶、学校名、名前、介護を目指した理由を話すイメージトレーニングをしました。
- 緊張してしどろもどろな挨拶になってしまいましたが、職員さんが「頑張ってね」と声をかけてくれました。

第2章　実習初日のこと

挨拶で大事なポイント

1 朝・昼・夜の言葉遣いを区別する

挨拶は、時間帯によって変わります。子どもでも知っている基本中の基本です。初めてのときこそ、基本が大事なのです。

　朝　「おはようございます」
　昼　「こんにちは」
　夜　「こんばんは」

2 実習で理想の挨拶例

実習中は朝から施設に行き、夕方帰るという生活を送ります。ですので、以下のような挨拶が理想的です。

　朝　「おはようございます。本日もよろしくお願いいたします」
　夕　「本日もありがとうございました。お先に失礼いたします。明日もよろしくお願いいたします」

帰るときは、1日お世話になったお礼を忘れずに！　近くに職員さんがいないからといって、黙って帰ることはしないようにしましょう。

注意しよう！
「ご苦労さまです！」は目下の相手に使う言葉

帰り際、職員さんからの「ご苦労さま！」というねぎらいの言葉に対して「ご苦労さまです！」と返すのは間違いです。「ご苦労さま」は目下の相手に使う言葉。職員さんは皆さんの目上の人にあたるので、「ご苦労さまです！」と返すのは失礼になります。そんなときは、「お疲れ様でした」「お先に失礼いたします」と返しましょう。

Q12 「今日の目標」って？

実習日誌に「今日の目標」という欄がありますが、毎日、何を書いたらよいのかわかりません……。

A それぞれの学校ごとに、介護実習の各段階において実習目標を定めています。その各段階における実習目標を達成できるように、毎日定めていくのが「今日の目標」です。

先輩のつぶやき

● 朝のミーティングで、突然職員さんの前で今日の目標を発表するように言われたときはマジで焦りました。

● 食事介助に関する内容ばかり目標にしていて、「他にはないの？」と実習指導者さんにツっこまれました。

「今日の目標」の立てかた

1 具体的な内容にする

　毎日書く「今日の目標」は、「何のために、どのようにして、何を学び取るのか」を明確にすることが大切です。自分だけではなく実習指導者さんが見ても、何がしたいのかが理解できる具体的な内容でなくては意味がありません。
　当日の朝になって何にしたらよいのかと慌てることがないように、前日のうちに決めておきましょう。

●「今日の目標」の例

曖昧な「今日の目標」　→　具体的な「今日の目標」

一日の流れを理解する　→　日々行われる利用者に必要な支援内容を知るために、利用者の生活の様子や職員の業務を観察することで一日の流れを理解する

利用者とコミュニケーションを図る　→　利用者ニーズを理解するために、傾聴の姿勢を心がけ、利用者の思いや願いを把握できるようコミュニケーションを図る

2 悩まないための工夫

「今日の目標」を立てるときには、以下のようなポイントを押さえておくと悩まなくてもすみます。

●「今日の目標」を立てるときのポイント

①行動計画を立ててみる	「1週目に取り組む内容、2週目に取り組む内容……」というように、実習中の行動計画をあらかじめ立てておくと、毎日の目標を立てやすくなります。
②実習指導者の期待に応える	実習指導者から実習予定表を渡される場合があります。そこには、実習生に是非体験してもらいたいという、実習指導者の熱い思いが詰まっています。予定内容に関連した「今日の目標」にすることは、実習指導者の思いにも応えることになります。
③イベントを「今日の目標」に取り入れる	実習期間中には季節行事や地域の子どもたちとの交流等、利用者さんが楽しみにしているイベントが予定されている場合が多くあります。ふだんとは違った利用者さんの表情が見られるチャンスなので、イベントに関連した「今日の目標」にしてみてはどうでしょうか。

3 しっかりと頭に入れておく

実習施設によっては、朝のミーティング時に「今日の目標」を職員さんの前で発表する場合があります。「実習日誌に書いたら終わり！」なんて油断は禁物です。どんな目標にしたか、しっかりと頭に入れておきましょう。

第2章　実習初日のこと

Q13 実習初日終了！早速TwitterやFacebookにアップ……ってダメ？

超緊張の一日だった実習初日が無事終了！　今のこのホッとした気持ちを誰かに聞いてもらいたいけど、TwitterやFacebookにアップしてもいいですか？

A

TwitterやFacebookは、公共性の高い情報媒体であることを忘れないでください。利用者さんのことや施設の内容が含まれるものであれば、倫理的な問題や実習生としての姿勢が問われます。みなさんには守秘義務があることをお忘れなく！

- 友人が介護実習のことをTwitterでつぶやいていたので注意してやりました。
- 実習前に、先生から実習に関する情報をFacebookなどにアップしないよう厳重注意されました。
- ホッとした気持ちは直接先生に電話して伝えました。

プライバシー保護に注意！

1 秘密保持義務

　介護福祉士には、「秘密保持義務」が課せられています。この義務に違反した場合、罰則が科せられるとともに、場合によっては相手から訴えられてしまうこともあります。介護福祉士を目指す実習生も同様に、実習期間中に知り得た情報を口外することは絶対に避けなければなりません。

●社会福祉士及び介護福祉士法

> （秘密保持義務）
> 第46条　社会福祉士又は介護福祉士は、正当な理由がなく、その業務に関して知り得た人の秘密を漏らしてはならない。社会福祉士又は介護福祉士でなくなった後においても、同様とする。
>
> 第50条　第46条の規定に違反した者は、1年以下の懲役又は30万円以下の罰金に処する。

2 壁に耳あり、障子に目あり

　TwitterやFacebookは多くの人の目にとまるものです。実習でかかわった人が、あなたのアップした内容を目にする可能性は大いにあります。例えば、利用者さんの家族があなたのFacebookを見たときに、自分の家族のことが書かれていたら、どのように感じるでしょうか。これは、実習に向かう電車やバスなど公共の交通機関のなかでも同じです。関係者が聞いている可能性もありますし、もしかしたらあなたの会話が施設の評判につながることにもなりかねません。

　実習とは、利用者さんに介護者がどのようにかかわるのかを勉強する機会です。常に利用者さんの気持ちを考えて行動しましょう。

第2章 実習初日のこと

Column
守秘義務違反に注意！実習中のことを誰かに言いたくなったら……

その気持ちを実習記録にぶつけよう！

　利用者さんに「好き！」と言われて突然抱きつかれた、食事をすませたばかりの認知症の利用者さんに「ご飯はまだですか？」と聞かれたなど、実習中は、「誰かに言いたい！」と思うようなことがたびたび起こります。
　だからといって、それを他の人に話してしまうと守秘義務違反になってしまいます。では、どうしたらよいのでしょうか？
　どうしても言わずにはいられない人は、その出来事を実習記録に残しましょう。「言いたい！　伝えたい！」という気持ちが記録に表れるので、記録内容も充実したものになるうえに、書いているあなた自身も、間違いなくすっきりするはずです。

介護業界の関係者が反応するキーワード

　「認知症」「介護保険」「介護施設」……これらは、介護業界の関係者が聞いた瞬間、聞き耳を立ててしまうキーワードです。喫茶店などで、主婦同士がこのようなキーワードを含んだ会話をしている場面に遭遇することがあります。きっと世代的に親の介護問題を抱えているのでしょう。
　介護業界で働いていると、こういうキーワードに敏感になり、聞きたくなくても脳が勝手に反応してしまうのです。盗み聞きのように思われてしまいますが、仕方ありません。皆さんも気をつけてください。あなたの周りにも、きっと介護業界の関係者がたくさんいますよ……。

第3章

実習中のこと

Q14 利用者さんと何を話せばいいかわかりません……

利用者さんと何を話せばいいかわからず、会話も長続きしません。コミュニケーションが続くコツはあるでしょうか？

A

会話には、話を成立させるための「話題」と「展開力」が必要です。そのため、利用者さんの年齢や生活歴、生活スタイルなどに合わせた話題や時事ネタなどの情報を得ておくことが重要です。会話が続くかどうかは、話し始めの話題と展開力によって左右されます。話題となるような、さまざまな雑学を身につける努力をしましょう。

先輩のつぶやき

- 利用者さんとなかなか話が長く続かず悩みました。特に、沈黙が気まずかったな……。
- 話題がなくて、利用者さんとの会話に自信がもてなかったので、毎朝学校で、先生を相手に話す練習をしました。
- コミュニケーション技術で勉強した質問の方法を使い分けてみると、会話が続きやすいと思いました。

第3章　実習中のこと

上手に会話するポイント

1 話題を考えよう

　利用者さんの年齢や生活スタイルなどを考え、その人・その場に合った適切な話題を選んで会話します。次の表は、「会話のきっかけ」となる、話し始めの話題(ネタ)例です。

●話題(ネタ)例

一般的な話題	高齢者向けの話題
天気、ニュース、季節、スポーツ、芸能情報など	昔の話(若かった時代の話)、健康、郷土、嗜好など

　介護職員には、さまざまな職業を経験した人がいます。その経験や得意分野を施設の行事や利用者さんの生活など、多様な場面で活用することができます。生活の知恵や介護以外の雑学等に精通していることも、介護職員としての強みになるのです。

2 会話の展開力を鍛えよう

　一つの話題で長く話を続けるのは、話し好きの人でも難しいもの。長く会話を続けるコツは、会話中のキーワードから次の話題を連想して展開していくことです。

【例1】「夏」から会話を広げていく

※　話を膨らませながら、次のキーワードに進めるような展開にしていきます。

実習生(以下、実):「今日も暑いですね。今日も真夏日だそうですよ」
利用者(以下、利):「暑いのは弱いから、参っちゃうわ……」
実:「夜は眠れていますか?」
利:「暑くて起きちゃうわね……。クーラーはからだが冷えちゃうし……」
実:「そうですか……。では、アイスを食べたらからだが冷えちゃいますか?」
利:「少しなら平気ね。たくさん食べたらからだが冷たくなっちゃうもの」
実:「私はアイスが大好きなので、夏は毎日のように食べますよ!」
利:「若い人はいいわね(笑)」
実:「例えばスイカはいかがですか? 氷水に浸けて冷やしたのは……」
利:「スイカなら大丈夫ね。子供の頃は、夏といえばスイカだったわ〜」
実:「スイカはお好きですか?」
利:「おいしくていいわね。昔を思い出すわ……」

【例2】「おせち料理」から会話を広げていく

実:「明けましておめでとうございます」
利:「あら、明けましておめでとうございます」
実:「今朝は、おせち料理でしたか?」
利:「正月の朝ごはんはパンだけなのよ。お昼が新年会で豪華だから」
実:「お昼はどんなメニューですか?」
利:「去年は、お寿司だったわね」
実:「それは豪華ですね。お餅は出ますか?」
利:「正月といえばお餅だもの。もちろん出るわよ」
実:「年末に『餅つき』があったそうですが、そのときのお餅が出るのですか?」
利:「毎年そうみたいね」
実:「お餅は、どんな味が好きですか?」
利:「私は、あんこたっぷりのあんこ餅ね」
実:「甘くておいしそうですね。正月は、おしるこもありますし、あんこが一杯ですね」
利:「そうなのよ。子供の頃は正月が待ち遠しかったわ」

3 話すことだけがすべてではない！

　実習生は「沈黙が気まずい」とよく言います。たった数秒の沈黙が長く感じられ、「マズい……」と焦ってしまうのです。しかし、ただ話し続ければいいというものではありません。なぜなら、コミュニケーションは言葉だけではないからです。

　非言語コミュニケーションである、雰囲気作りやスキンシップなど、「その場に一緒に居る」のも大事なこと。マシンガンのように話し続けていることが「よいコミュニケーション」ではありません。

●コミュニケーションの種類

言語コミュニケーション	非言語コミュニケーション
言語による会話、筆談、手話など	言語以外の表現を通じて、思想・感情の伝達を受容する行為のこと。五感・感情・態度・身振りなど 例）利用者さんと寄り添う、笑顔に笑顔を返す、ジェスチャー、スキンシップ　など

コミュニケーションとは、人と人が「意思」「感情」「思考」などの情報を伝達し合い共有化することです。コミュニケーションでは、相手への共感が大切です！

Column 利用者さんとのコミュニケーションでの落とし穴

実習生が感じる、「話しやすい利用者さん」とは？

　介護実習は、多かれ少なかれ最初は誰でも緊張します。肉体的な疲労よりも、むしろ精神的な疲労のほうが多いかもしれません。そのような状況のなかで、昨日まで知らなかった何十人もの利用者さんとコミュニケーションを図ることになります。

　ある利用者さんは、言語障害によって発語が聞き取りづらく、何を話しているのかがわかるようになるまでに時間を要します。また、ある利用者さんは、脳梗塞の後遺症として感情失禁があり、こちらは何も悪いことや失礼なことをしていないのに、大きな声で泣かれたり怒られたりすることがあります。

　このように、コミュニケーションをとるのに技術が必要な利用者さんもいますが、普通に話すことのできる、気さくな利用者さんもたくさんいます。あなたに対して「どこの学校？」「若いのに偉いわね」「家は遠いの？」「明日もくるの？」などと、たくさん話しかけてくれるでしょう。そのような利用者さんに出会えると、安心してホッとした気分になります。しかし、実はここに「落とし穴」があるのです。

Column

平等にコミュニケーションを図る努力をしよう

　例えばあなたが、施設内の4人部屋を訪室したとします。その部屋の利用者さんのうち、3人は言語によるコミュニケーションが難しく、1人は普通に話すことができる利用者さんであるとします。すると、どうしても話しやすい人とのコミュニケーションが多くなってしまうことがあります。しかし、「コミュニケーションが難しい」という状態の利用者さんは、決して「コミュニケーションができない」というわけではありません。

　あなたがいつの間にか無意識に、話しやすい利用者さんとばかりコミュニケーションを図っていると、そんなあなたの姿を見て、「あの実習生は、どうして私には話しかけてくれないのだろう」と思うかもしれません。

　すべての利用者さんは、あなたから若者らしく、元気に話しかけてもらいたいと思っていることを忘れずに！

Q15 利用者さんに けがをさせてしまいそうで 怖いなぁ……

そんなに強い力で介助をしたわけではないのに、利用者さんの皮膚がすりむけてしまいました。思っていた以上に腕も細いし、怖くて介助しづらいです……。

A

まず、利用者さん（高齢の方や障害のある方）の特性を学びましょう。疾患や障害の有無、精神状態など、その症状や状態に応じた介護をすることが必要です。また、利用者さんは一日のなかでも様子が変わることがあるので、細かな観察が重要です。尊厳に配慮したケアを心がけ、必ず、職員さんに相談してから介護をしましょう。

先輩のつぶやき

● 移乗介助をしているときに、利用者さんが尻もちをつきそうになってしまいました。職員さんが助けてくれたけど、危なかった……。

● 介助中に利用者さんの腕に表皮剥離が……。看護師さんが対応してくれたけど、利用者さんの肌の弱さに驚いた。

尊厳に配慮した介護のポイント

1 利用者さんの特性を知ろう！

　観察や情報収集等から、利用者さんの状態を把握し、それに応じた対応をする必要があります。また、利用者さんごとに個性があることにも注意しましょう。

●把握すべきポイント

高齢の方	障害のある方
●身体状態（麻痺や拘縮の状態、皮膚の状態など） ●疾患の有無と状態 ●ADL（日常生活動作）の状態	●身体状態（麻痺や拘縮の状態、皮膚の状態など） ●疾患の有無と状態（難病や特定疾患も） ●ADLの状態 ●障害の程度（身体・知的・精神） ●行動観察　など

　例えば、高齢の方は皮膚が弱く、すぐにアザや傷ができやすいため、介護経験の浅い人は、利用者さんにどう触れていいか迷ってしまうことがあります。最初は、「慎重さ」「丁寧さ」を重視し、優しすぎるくらいのタッチでも大丈夫です。経験を積み重ねると、「これくらいなら大丈夫」というように「力加減」がわかってきます。

　最初から「大胆に触れていける」人もいますが、利用者さんからすると怖いですし、実習担当者さんも危険を感じるので、そんな実習生には直接介護を任せにくいものです。

2 安全安楽に配慮した介護を心がけよう！

　安全安楽とは、利用者さんと介護者の「両者にとって安全で、安楽」であることを指します。介護者に負担がかかる場合は、利用者さんにもその負担が及ぶおそれがあります。次の表を見て、安全確保の視点を養いましょう。

● 安全確保に求められる視点

①知識の習得 ②的確な技術の習得 ③観察力 ④組織体制の強化 ⑤設備・環境の整備

「尊厳」とは、人間が個人として尊重されること。介護者は、利用者さんを知り、その状況や状態に合わせた介護を行うことが重要なのです。介護保険法でも、「尊厳の保持」が明確に示されています。

3 介護事故を防ぐには

　介護事故が起きそうな危険な状況があった場合は「ヒヤリ・ハット」という報告書を書き、実際に事故が起きた場合は「事故報告書」を介護職員が書くことになっています。

　これらの報告書は、事故が起きた状況（事故が起きそうな状況）の一つひとつを考察することによって、事故を未然に防止し、安心して働けるようにするためのものです。決して事故の「責任追及」ではありません。

注意しよう！
事故が起きやすい場面に要注意！

　厚生労働省の調査によると、特別養護老人ホームなどの施設で多く発生している事故は「転倒」「転落」です。事故が多く発生している業務場面は、「歩行・移動中」「食事中」「入浴時」などという結果が出ています。皆さんも、このような場面では特に注意をしましょう。

第3章　実習中のこと

Q16 利用者さんにお菓子をいただいた。食べてもいいよね？

実習中、利用者さんからお菓子をいただきました。食べないのも失礼かなと思って食べてしまいましたが、よかったのでしょうか？

A 利用者さんから何かをいただいても、原則、「ごめんなさい、いただけません」と断りましょう。介護現場には大勢の利用者さんがいますが、平等に接するのが当たり前。あなたが何かをもらっているのを見かけた他の利用者さんに、「私も何かあげなくちゃ」と余計な気を遣わせないようお断りしましょう。

先輩のつぶやき

● 利用者さんの買い物に付き添ったら、大量のお菓子を購入。後から「ありがとう」と一袋くれたので、いただいてしまいました。

● 利用者さんが手作りのパッチワーク作品をくれました。断ったけど無理矢理ポケットに入れてきたので、仕方なくそのままもらいました。

失礼にならないように、上手に対処するには

1 何度断っても、断りきれなかった……

　断ったものの、「いいから、いいから」と何度も差し出してくる利用者さんもいます。その場合は、人間関係にも影響する可能性があるので、「ありがとうございます」と一度受け取って、職員さんにその後の対応を相談してみましょう。

●利用者さんから何か「あげる」と言われたら……

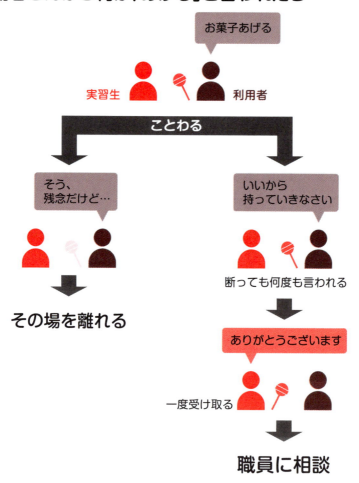

2 利用者さんの心理を考える

　人は、生活において大抵のことは自分でするものです。しかし、何らかの事情によって要介護の状態になると、それを他人にゆだねなければなりません。利用者さんは介護者に対して「悪いな」という気持ちがはたらき、その結果、感謝の意味も込めて何かをプレゼントしたくなるのかもしれません。しかし、利用者さんから何かをいただく……というのは原則避けるべきことです。

　ただ、利用者さんのなかには、「あの人はこれが好きだから」「これは、あの人が喜ぶ」などと考え、計画しながら買い物をする人もいます。また、お菓子や趣味で作ったものなどを介護職員や実習生に配ったり、プレゼントしたりするのを楽しみにしている人もいます。

　これは、ある意味生きがいともいえます。利用者さんの「生活のメリハリ」につながることかもしれません。利用者さんから何かをいただいたときの対応を、考えてみるのもいいでしょう。

3 「お菓子を買ってきて」と頼まれたら……

　実習中、利用者さんから何かをもらうだけではなく、「○○してほしい」と頼まれることもあります。例えば、「お菓子を買ってきてくれない？　お金は渡すから」と頼まれた場合、皆さんはどうしますか？
　実習生が利用者さんのお金を預かると、後からトラブルに発展する可能性があります。この場合も、すぐに職員さんに相談しましょう。

注意しよう！
その利用者さん、食事制限されてない？

　利用者さんのなかには、糖尿病を患い、食事制限のある方などもいます。利用者さんにお願いされたからと短絡的に判断してしまうと、その利用者さんの命にかかわることもあります。慎重に判断し、まずは職員さんに相談しましょう。

Q17 利用者さんにやたら触られる……これってセクハラ！？

実習中、必要以上に触られているような気がします。でも、勘違いかもしれないし、利用者さんに注意していいのかどうか……。どうすればいいですか？

A

介護ですから、介護者と利用者さんが近い距離になることは、当然のことです。しかし、男性利用者の介護にあたったときに、女性介護者が不快に感じる言葉や過度な接触は、セクハラ※といえます。我慢せずに「やめてください」と言うか、職員さんや巡回指導の先生に相談しましょう。

※　セクハラとは「セクシュアルハラスメント」の略。

●移乗介助の際に、やたらくっついてくる利用者さんがいて嫌だったけど、我慢しました……。

●実習生をしょっちゅう呼ぶ利用者さんがいて、自分も呼ばれて行ってみたら、手を握られて腕をスリスリされました……。

セクハラかも……、と感じたときの対処法

1 我慢しなくていい！

　皆さんは、実習に臨む姿勢を「実習させていただいている」と教わったと思います。実習は利用者さんの生活に入らせていただくもの。そのため、「言ったら悪いな」「仕方がない」と思ってしまう傾向があります。
　しかし、セクハラを受けたときには、我慢しないで「やめてください！」と言いましょう。直接利用者さんに言いにくければ、職員さんや巡回指導の先生に相談しましょう。

注意しよう！
職員さんが相手の場合の対処法

　セクハラとは、相手の意思に反して不快や不安な状態に追い込む性的な言動をいいます。これは、男性から女性へのものだけでなく女性から男性へのものも指しています。例えば、「性的な冗談やからかい」「食事やデートへの執拗な誘い」などの発言や「必要なく身体へ接触すること」などが含まれます。
　利用者さんから触られるということだけでなく、万が一施設の職員さんの言動で、不快や不安に思うことがあった場合には、巡回指導の先生に相談しましょう。

2 本来は、同性介護が基本！

　同性介護とは、女性の利用者さんは「女性介護者」が、男性の利用者さんは「男性介護者」が介護をするというものです。例えば、皆さんが高齢になって入浴介護を受けることになったとき、異性の介護者に入浴介助をされるとしたら……。異性に裸を見られて恥ずかしく感じると思いませんか？

　障害者領域では同性介護が増えていますが、高齢者領域ではまだ一般的ではありません。そこには、職員数（男女比）や、「利用者さんのなかには、異性のほうが落ち着く」「夜勤で同性介護が対応できない」などの問題があるようです。これらは、今後改善されるべきポイントといえるでしょう。

異性の前で服を脱ぐのを恥ずかしがっているだけなのに、「入浴拒否」と判断されたらどう思いますか？　考えてみましょう。

第3章　実習中のこと

Q18 おむつ交換や入浴介助が気まずい……

実習前に授業で練習したはずなのに、実際におむつ交換をしたら、とても気まずく感じてしまいました。ほかの人はどうなのかな……。

気まずいのは利用者さんも同じです。入浴介助や排泄介助は、利用者さんからしたら、衣服を脱いだり、恥ずかしいところを他人に見られてしまうことになります。羞恥心やプライバシーに配慮してしっかりと対応すれば、「ありがとう」と感謝され、信頼関係の構築にもつながります。

先輩のつぶやき

● 学校で排泄介助は教わったけど、実際に尿や便は出ていなかったから、実習で初めて目の当たりにしたら、頭が真っ白に……。

● 中学校の職場体験で利用者さんと接していたから実習も大丈夫と思っていたけど、状態の重い人が多くて想像以上だった。

介護の仕事を考えるときのポイント

1 介護って素晴らしい！

　介護とは、その人の生活を支えていくものです。生活にはさまざまな行為があります。そのなかには生きていくことに直結するようなこと(ADL:日常生活動作)もあり、介護施設では、そこを中心に業務が行われているといえます。
　利用者さんは、身体機能の衰えや疾病、障害等のために、要介護状態となっています。そんな利用者さんの介助場面を見た実習生が、衝撃を受ける場面があります。

●実習生が衝撃を受ける場面の例

食事場面	●たくさんの量を食べこぼすのを見て…… ●激しいむせ込みに驚いて……
排泄場面	●多量の便が出ていてどう介助していいか…… ●排泄物のにおいが想像していた以上…… ●他人の排泄物にどう触れていいか……
入浴場面	●衰弱ややせ細ったからだ、弱くなった皮膚を見て…… ●衣服を脱いだとき、皮膚片等の落屑が多量で……

　そんなときは、「私たちは利用者さんの生活を支えるお手伝いをしている」と意識しましょう。要介護状態となった人たちの日々の生活を支援している介護職は、責任重大でもあり、充実感もある仕事といえるでしょう。介護の仕事って素晴らしい！！　と、思いませんか？
　あとは、精神論かもしれませんが「慣れる」ことも必要です。

2 介護の仕事はプロの仕事

　介護職から見たときに、1日のなかで一番回数が多い介助は何だと思いますか？
　答えは、「移動介助」や「排泄介助」です。
　排泄は、誰にも見られたくないと思うものです。そして、この排泄介助も移

動介助も介護のなかでは介護者にとって負担もかかり、お互いに大変……と感じるものです。

　実習先に、「この職員さんすごいな」と感じる人がいるかもしれません。その職員さんは、これらのデリケートな介助をどのようにしているでしょうか？きっと細やかな配慮をしているはずです。それこそまさに「プロの仕事」といえるでしょう。そのような職員さんの仕事に注目して、いいところをどんどん吸収してください。

●全介助の利用者が1日に介助を受ける回数

- ●食事→3回
- ●排泄→5～8回
- ●更衣→1～2回
- ●入浴→1回（週2回※）
- ●移動→6～8回

※　介護施設や個人による差があります。

注意しよう！
利用者さんからすれば、あなたも「他人」です！

　入浴介助や排泄介助の場面で、「私しかいませんから大丈夫ですよ！」と声をかけたことはありませんか？　「誰も見てないから大丈夫」と安心してもらおうと思っての声かけなのでしょうが、利用者さんからすれば、職員さんや実習生も「他人」です。勘違いしないようにしましょう！

Q19 利用者さんに「あなたじゃダメ」と拒否された……

実習生や新人職員に厳しい利用者さんに「あなたじゃダメ」と拒否されてしまいました。それから、その利用者さんには近寄り難くて……。どう接したらいいでしょうか？

A

もし、自分が介護が必要になったら、どんな人に介護してほしいですか？　できる人？　できない人？　皆さんは実習生ですからできないのは当然です。でも、利用者さんにとって、それは関係ないのです。優しい利用者さんや実習生が大好きな利用者さんはたくさんいますよ。

● 利用者さんに「あなたは嫌」と言われて落ち込みました。が、職員さんに実習生にはいつもそう言うから気にしないように言われました。

● 利用者さんに挨拶したら怒られた。でも、あきらめず毎日挨拶に行ったら、最終日に「俺のところに毎日来たのは、あんたが初めてだ」と言ってくれて、泣いてしまいました……。

第3章　実習中のこと

拒否されても落ち込まないこと！

1 利用者さんの個性を知ろう

　実習生が近寄り難いと感じる利用者さんとして、次のようなタイプがあげられます。

●実習生が近寄り難いと感じる利用者さんのタイプ

- ●怖い（すぐ怒る）
- ●介助を拒否する
- ●介助中「痛い」と頻繁に言う
- ●コミュニケーションがとれない

　なぜ、このような人を近寄り難いと感じるのでしょうか。
　「すぐ怒る人」には、その人の性格も考えられますが、ストレスがあるのかもしれません。利用者さんは、望んで要介護になったのでしょうか？　望んで施設に入ったのでしょうか？　家族となかなか会えないなど、さまざまなストレスがあることを忘れてはいけません。
　「痛い」と言う人は、本当に痛いのもあると思いますが、「自分をわかって欲しい」といったサインの意味も含まれているかもしれません。「拒否」も同様のことが考えられます。
　「コミュニケーションのとれない人」は、失語症などの障害を抱え、伝えたい気持ちがあるのに「伝えられない」「伝わらない」といったストレスがあります。
　拒否する理由はストレスだけでなく、人見知りといった性格や精神状態など、さまざまな理由が考えられます。そのため、利用者さんの個性を知ることが大切です。

身体介助だけでなく、精神的なサポートや支えとなるのも介護者の役割です！！

2 職員さんに相談しよう！

　利用者さんも実習生を見ています。「先輩の場合」にもあるように、あきらめなければ利用者さんから認められることがたくさんあります。きっと達成感にもつながりますね。

　利用者さんのなかには「こだわりが強い人」もいて、常に自分の望むことを求める結果、新人職員や実習生を嫌がる傾向があります。その利用者さんの「こだわり」に配慮（はいりょ）して、近づこうと努力する必要はありますが、実習生の場合は、実習期間中だけでは時間が足りないことも考えられます。「信頼関係」とはよくいいますが、一朝一夕（いっちょういっせき）では築けず、長い時間を必要とします。

　やみくもに近づくと逆効果の場合もあるので、職員さんに相談して、利用者さんの状態を見極めてかかわるようにしましょう。

第3章　実習中のこと

職員さんによって言うことが違う。何が正しいの!?

職員さんによって、指示される内容やアドバイスが違うときがあります。それに、同じ職員さんでも、その時々で言うことが変わる場合があるのですが、どうすればいいでしょうか？

A 指導や助言の違いに迷いを感じたら、そのときに何が大切であったか考えてみましょう。対人援助の仕事は、臨機応変に対応・介助することがとても多く、職員さんはこのコツを教えようとしています。特に利用者さんへの対応では、「教えられたことと違うな!?」と思ったら、さまざまな方法やコツを覚えるチャンスです。

先輩のつぶやき

● 同じ職員さんでも言うことが違うときがあって、何が正しいのか不安になりました。

● 「利用者さんの体調や、日によって変わる身体状況に合わせている」と職員さんに聞いたことがあります。

● 「学校では教えてもらっていないと思うけど、こういうやり方もあるよ」と教えてもらいました。

指示を受けたときのポイント

1 指導の違いを感じたら、新たな気づきのチャンス！

　同じ利用者さんでも、心身の状態や環境などで状況は変化します。それなのに、常に同じ介護をしていていいと思いますか？　職員さんは何人もの利用者さんを援助しているので、状況に適した介護のコツを知っているのです。

　利用者さんへの対応中に「教えられたことと違うな!?」と思ったときは、学校ではなかなか目にできないコツを覚えるチャンスです。学んだ知識や技術と、職員さんが教える内容を比べて実践力を養いましょう。特に、認知症の利用者さんに対する実習体験は、現場だからこそ実感できる気づきがあります。

2 状況や場面を観察する

　「教えられたことと違う」と感じることがあったら、身の回りを観察してみましょう。以前、指導を受けたときと違いがあるはずです。

　時間や場所、相手の利用者さん、それに実践した内容についても、一度として同じことはありません。つまり、「職員さんによって言うことが違う」のではなく「違うのが当たり前」であることが多いのです。

●観察ポイント

時間	●指示された時間（朝・昼・夕など）は同じか ●どのようなタイミングで言われたか
場所	●場所や状況は同じか
目的	●何のために指示されたか ●なぜ、今これが必要なのか
利用者	●同じ利用者か ●同じ利用者でも、いつもと変わりはないか
自分自身	●間違ったことをしていないか ●教えられたことができているか

3 職員さんの介助方法が違うのはなぜ？

　施設には「介助マニュアル」があり、職員さんは、このマニュアルに沿った介助を行っています。しかし、職員全員が、同じ性別、同じ身長、同じ筋力ではなく、マニュアルに沿った介助を行っていても、職員さんによって少しずつコツやポイントが変わってくるものです。

　例えば、「大柄で身長の高い男性の職員さん」と、「小柄な女性の職員さん」が、同じ「小柄な利用者さん」の移乗介助を行った場合、マニュアルどおりに行っていたとしても、体格差によって介助のコツやポイントが変わります。さらに、利用者さんの性別や認知症等の疾患、身体的な状況の違い（麻痺や拘縮など）も混在してくるのが実際の介助です。このため、一つひとつの介助の指導についても、職員さんによって言うことが違うときがあるのです。

　実習生が、実習施設のマニュアルを覚える必要はありませんが、個別に指導されるコツやポイントについては、学校で学べない貴重な体験になるはずです。「あれは正しい」「これは正しくない」と厳密に線引きしないで、「こういう方法もあるんだ！」と考えてみましょう。

体格が違えば
介助のコツも違う

Q21 職員さんに「自由にしていいよ」と言われました

職員さんに「自由にしていいよ」と言われたものの、何をすればいいかわかりません。自由に介助して利用者さんにけがを負わせるわけにもいかないし……。どうすればよいのでしょうか？

A

この言葉には、利用者さんとコミュニケーションをとってほしいという意味が込められています。このようなときは「していいこと」と「してはいけないこと」を確認して、利用者さんと積極的にかかわりましょう。ただ、この指示は「何でもしていい」というわけではないので、直接介助など危険を伴うことは避けましょう。

先輩のつぶやき

- 自由と言われても、何をどうすればいいかわからない。「していいこと」と「してはいけないこと」は教えてほしかったな。
- 事故を起こすと怖いので、介助はせずに、利用者さんとコミュニケーションをとりました。
- 「やることが見つからないときは掃除をしなさい」と施設長さんに言われました。

第3章　実習中のこと

「自由にしていい」と言われたら……

1 まず職員さんに聞く

　コミュニケーション一つとっても、「失語症だから、こういう点に気をつける」「○○はNGワード」ということなど、気をつけることが多々あるものです。利用者さんとよい信頼関係を築くために、はじめに「していいこと」と「してはいけないこと」を職員さんに聞いておきましょう。

　また、利用者さんの介助を許可なく行ってけがを負わせてはいけません。介助をしたいときは、必ず職員さんに申し出ましょう。

注意しよう！
介助するときは、職員さんの指示を仰ぐ！

　一つ間違えると大事故になりかねないのが、次の三つの介助です。利用者さんから介助を求められても自己判断では行わず、職員さんの指示を仰ぎましょう。

●リスクの高い介助

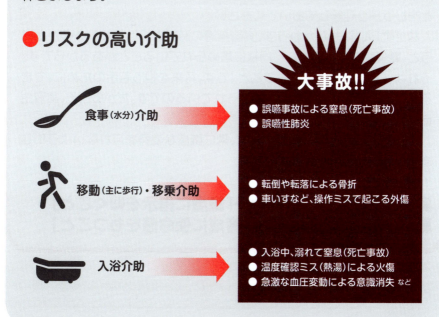

2 積極的にコミュニケーションをとろう

「していいこと」と「してはいけないこと」がわかったら、積極的にコミュニケーションをとりましょう。よく話す利用者さんばかりではなく、苦手な利用者さんのところにも意識して足を運ぶと、利用者さんの理解は深まります。

また、その日の目標を達成するための希望があれば、職員さんに相談しましょう。自分の気持ちを伝えられるようになることも勉強の一つです。

P Point
実習生と職員に求められること

職員さんが最優先する仕事は、利用者さんの援助です。忙しい仕事の合間をぬって、実習指導の時間を設けてくれているのです。まずは、そのことをしっかり理解しておいてください。

なぜ忙しいにもかかわらず、実習指導の時間を設けてくれるのかというと、職員さんにも皆さんと同様に求められていることがあるからです。それは、「育成に使命感をもつこと」です。将来を担う若手のために、できるだけ熱心に指導することが求められているのです。だからこそ、実習生に厳しく注意することも……。

それらのことを理解したうえで、常に謙虚な姿勢を忘れないようにしましょう。

実習生に求められること→「謙虚に指示を仰ぐこと」
職員に求められること→「育成に使命感をもつこと」

第3章　実習中のこと

Q22 職員さんに叱られてしまいました……

何気なく行ったことや利用者さんへの対応で、職員さんによく叱られます。叱られた理由も教えていただき納得したのですが……。叱られてばかりなのは、嫌われているからでしょうか……。

A

職員さんはあなたが嫌いなのではなく、失敗に気づいてほしくて叱っているのです。叱られると落ち込むものですが、失敗して叱られたことは「教訓」として記憶に残るので、同じ失敗を繰り返さないようになります。叱られた体験は貴重なことなのです。もし、叱られたことが気になって実習に身が入らないようなら、早目に巡回指導の先生に相談してみましょう。

先輩のつぶやき

●叱られたときは怖かったけど、あのとき叱られてなかったら今も同じことをしていたかも。叱られたことに感謝してます。

●叱られたことを先生や実習指導者さんに相談したら、何だか頑張れるように感じました。

「叱られる」ことを理解する

1 「叱る」と「怒る」は違うもの

　職員さんから叱られると、「怒られてしまった……」と、ショックを感じるかもしれません。しかし、実は「怒る」と「叱る」の意味は全く違います。
　一方的に感情をぶつける「怒る」に対し、相手の成長を促すために、あえて声を荒げて注意やアドバイスすることを「叱る」といいます。職員さんは実習生に成長してほしいので、あえて叱っているのです。叱られたときは、「私のためを思って叱ってくれた」と考え、謝るようにしましょう。

$$叱る ≠ 怒る$$

2 謙虚に受け止める

　叱られると、積極的な学生ほど「一生懸命に頑張っているのに！」という気持ちになるものです。しかし、ただ頑張ればよいかというと、それは違います。いくら頑張っていても、それが「求められている対応」とは限らず、時には「間違っている」ことさえあるのです。
　皆さんは、介護福祉士に求められる援助観や知識、技術などを習得するために実習に臨むのですから、叱られたことを謙虚に受け止めましょう。

Point
「謝る」ときのポイント

- 早めに謝る
- 言い訳はしない（取り繕わない）
- 気持ちを込める

3 失敗は成功のもと

　失敗したことを謙虚に受け止められたら、次に失敗した原因を追究します。すぐに原因がわからないときは、職員さんに叱られたときの言葉や内容を振り返ってみると、ヒントが隠されているので思い出してみましょう。先生や実習指導者さんに相談してみるのもよいでしょう。

　原因がわかったら「どうすればいいのだろうか？」と、具体的に改善策を考えて行動に移しましょう。すぐに改善することが難しかったり、何度も失敗してしまうこともありますが、失敗したことを謙虚に受け止めてから次のステップに移ることは、「成功への近道」になります。まさしく、「失敗は成功のもと」であり、これを気づかせてくれるのが「叱ってくれること」なのです。

注意しよう！
落ち込んだときは、1人で抱え込まない

　職員さんから叱られ、落ち込んだときは、「1人で抱え込まないこと」がポイントです。巡回指導の先生や実習指導者さん、友達でもいいので、内容を打ち明けて1人で悩まないようにしましょう。打ち明けることで叱られた理由がわかるかもしれませんし、気持ちが落ち着いてくるものです。

　実習生は決して一人ぼっちではありません。支えてくれる多くの人が必ず周りにいます。1人で抱え込んでしまいそうになったら、早めの相談を心がけてください。

Q23 職員さんがなんとなく冷たい

いつも人一倍指導してくれた職員さんの態度が、急に冷たく感じるようになりました。質問や相談には応じてくれるのですが、態度が変わったように感じています。嫌われたのでしょうか……？

職員さんは「好き嫌い」で態度を変えたりしません。学校の先生がそうであるように、実習中の先生といえる職員さんも同じです。もし、態度が変わったように感じたならば、そのときは利用者さんへの援助を優先しないといけなかったのかもしれません。不安に感じたときは、巡回指導の先生に相談しましょう。

先輩のつぶやき

- 今思うと、職員さんを友達のように感じていたかも。特に、自分と年齢が近い職員さんほど、そう感じていました。
- 自分のことを振り返ってみたら、自分に原因があることがわかって……職員さんに謝ったことがあります。
- 職員さんに甘えすぎていたなと反省しました。もっと自分から進んで動けばよかったです。

「好き嫌い」では、態度を変えません

1 職員さんの仕事は「利用者さんの援助」

　職員さんの態度に変化を感じたならば、それは実習生に対する「好き嫌い」という個人的な感情が原因ではありません。なぜなら、援助を生業とするプロにとって、私情をはさむこと自体が「プロ失格」だからです。職員間でもそうですが、実習生に対しても「好き嫌い」で態度を変えないものです。

　しかし、だからといって実習生が無関係とは言い切れません。「好き嫌い」という感情ではなく、実習態度や内容がきっかけになっていることも考えられるので、自分にも原因がないかもう一度振り返ってみましょう。

2 「モヤモヤ感」を解消しよう！

　職員さんのちょっとした言動に対して「嫌われてしまった……」「何がいけなかったのだろう……」と、不安や悩みを感じたときは、早めに解消することがポイントです。些細なことでも、解消されないままでいるとネガティブに考えてしまい、気持ちと同じように「モヤモヤしてスッキリしない実習」が続いてしまいます。これでは、せっかくの経験も台無しです。

　こんなときは、巡回指導の先生か実習指導者さんに早めに相談してみましょう。仮に職員さんと行き違いがあっても、相談することで早い段階で解消され、不快なモヤモヤ感を引きずることなく、気持ちよく実習に取り組めるようになるはずです。

Point
相談のポイント

いつ	・悩みや不安を感じたら、あまり時間をあけないで ・巡回指導のとき ・施設で定期的な面談をしていれば、そのとき
誰に	・巡回指導の先生 ・実習指導者
どのように	・「お忙しいところ、すみません。少しご相談したいことがあるのですが……」と、簡単でよいので実習生から声をかける
何を	・職員さんの態度の変化と考えられる原因
どこで	・利用者さんや職員さんのいない別室(実習生の控え室など)

第3章 実習中のこと

Q24 職員さんの連絡先を聞いてもいい？

熱心に指導してくれる職員さんに憧れるようになりました。実習が終わってからも個人的にお付き合いしたいので、連絡先を聞こうか迷っています。聞いてもいいのでしょうか？

A 施設に通っているのは実習のためです。施設にいる以上、「個人的」な判断は控える必要がありますし、個人情報ですので学校や施設で禁止されていることが少なくありません。実習生から職員さんの連絡先を聞いたり、職員さんから聞かれたりしても、連絡先を交換することは控えましょう。

- 学校や施設に迷惑をかけそうだし、実習評価など実習自体に影響しそうなのでやめました。
- 逆に職員さんから連絡先を聞かれて困ったことがありました。

個人情報には注意が必要！

1 職員さんの連絡先を聞くのは控える

熱心に指導してくれる職員さんや、年齢の近い職員さんと親しくなったとしても、連絡先の情報交換は控えましょう。「個人的ならいいのでは？」と思いがちですが、自分の知らないところで個人情報が流出する可能性があります。

当事者だけでなく、ほかの職員さんや学校の先生にも迷惑をかけることになりかねないので、実習中はお互いに気をつける必要があります。

注意しよう！
実習中の連絡経路

- 実習生　から　施設　に連絡　→　施設の電話番号にかける
- 施設　から　実習生　に連絡　→　学校の電話番号にかける

お互いの携帯電話やスマートフォンで直接やりとりするのはNGです。

2 職員さんから連絡先を聞かれたら……

　職員さんによっては、ひたむきに頑張る実習生をみて「携帯電話の番号やメールアドレスを教えてほしい」と声をかけてしまうケースがあります。このような場合は、丁寧に断り、巡回指導の先生に職員さんから連絡先を尋ねられたことを必ず報告しましょう。できるだけ早めに報告することがポイントです。

> **P Point**
> **丁寧な断り方の例**
>
> 　「すみません。学校のほうから連絡先の交換は控えるように指導されているので遠慮させてください」
>
> 　なかなか言い出しにくいときでも、その場で連絡先を伝えないことが大切です。咄嗟に答えられなければ、「すみません、ちょっとそれは……」とだけ伝え、その場を離れましょう。そして、実習指導者さんや巡回指導の先生に相談してください。相談は、なるべく時間を空けないことが大切です。

Column

積極的な実習生は、ココが違う

　限られた期間のなかで、いかに有意義な体験をしていけるかは、取り組む姿勢によって決まるといっても過言ではありません。職員さんから「何か体験したいことはある？」と聞かれたときに、自分の意思をきちんと伝えることができたり、「次はこれをしてみて」と声をかけられる前に、自分から率先して指示を仰げる積極性がもてるとよいでしょう。

やりたいことを職員に伝える準備をしている

　実習生は毎日、目標やその日に行いたいことを職員さんに伝えますが、積極的な実習生は、さらに努力していることがあります。それは「準備」です。職員さんから「何かやりたいことはある？」と唐突に聞かれたとき、「はい、〇〇の介助に興味があって、ぜひ実践させてほしいと思っていました」「〇〇さんの介助が苦手なので、もう一度体験させてほしいのですが……」と具体的に答えられるように、準備を怠らないのです。これは、話し下手な実習生であっても同様です。

　では、どのような準備をしているかというと、いつ職員さんに声をかけられてもいいように、自分が伝えたい内容を書き留めているのです。いきなり尋ねられると誰でも咄嗟に答えられないものですが、積極的な実習生ほど、職員さんに伝えたいことを忘れないように書き留めています。皆さんも、事前に準備することを心がけるとよいでしょう。

積極的な指示の仰ぎ方

　動き回る職員さんの手が落ち着き、実習生への指示が途切れることがあります。こんなとき、実習生から職員さんに積極的に指示を仰ぐとしたら、①と②のどちらが正しいでしょうか？

　答えは②です。実習生は、指示されたことだけを行う雑用係ではありません。学ぶために来ているのですから、単に指示を受けるだけではなく「そのときに必要なこと」を考えて指示を仰ぐのがベストです。「この時間は、いつも職員さんが□□の指示をくれるから、□□をしてよいか聞いてみよう！」と、その時々の状況を察して指示を仰いでみましょう。

Q25 休憩時間はどうすればいい？

休憩の指示がでると「ホッ」としますが、休憩室に入ると、山のようにある課題を思い出してしまいます。休憩時間は自由時間なので、記録を書いてもいいのでしょうか？

A

実習に影響しないように、休憩時間はしっかりと休むことがポイントです。現場ではしっかり学び、休むときはしっかり休むというメリハリが大切。よい実習にできるかどうかは、意外にも休憩のとり方に左右されるのです。

●休憩時間は緊張を解く唯一の時間でした。職員さんから「休憩どうぞ」と言われる瞬間にいつも肩の力が抜けました。

●見学や実践したい介助が休憩時間と重なってしまうので、事前に休憩時間を変更してもらえないか相談しました。

休憩時間の留意点

1 休憩前後の挨拶を忘れずに！

　休憩の指示が出たときは、「休憩をいただきます」と伝えてから休みましょう。そして、休憩から戻ったときは「休憩から戻りました」と、忘れずに伝えましょう。

> 休憩に入るとき　「休憩をいただきます」※
> 休憩から戻ったとき　「休憩から戻りました」※

※　実習施設により、言い方が違う場合もあります。

2 気持ちをリラックスさせて、しっかり休む！

　休憩時間は、気持ちをリラックスさせてしっかり休みましょう。実習中は多くの課題や介護記録が課されます。このため、「休憩中に片づけよう」と考えがちですが、休憩中は気持ちを切り替えて休むことが大切です。

　緊張状態が続くと、ミスをしたり、マイナス思考になりがちです。また、コミュニケーションもギクシャクして相手を不快にさせかねません。これを防ぐためにも、オンとオフのメリハリをつけることが大切なのです。

　「しっかり学び、しっかり休む」これがよい実習成果を上げる秘訣です。

注意しよう！
社会人になるモラルを身につける

- 何事も「5分前行動」が大切です。休憩時間を指示されたら、終了の5分前には控室を出ましょう。
- ほかの学校の実習生と同じ部屋になったときや、ユニフォームに着替えるときには、交代で着替えるなど、お互いに配慮して迷惑をかけないように気をつけましょう。

Q26 ユニフォームのままで近くのコンビニに行っていい？

コンビニで食事を買いたいときや用事があるときは、ユニフォームのままで施設の外に出ていいのでしょうか？

A ユニフォームのまま施設から出ると、施設内の細菌を外に振り撒いたり、外の細菌を施設に持ち込んだりする可能性があるのでNGです。

先輩のつぶやき

- 実習前のオリエンテーションで、ユニフォームのまま外に出てよいか自分から確認しました。
- 毎日の昼食は、必ず前日に用意して、施設の外に出ないようにしていました。

第3章 実習中のこと

休憩でも、施設外に出るのは原則NG！

1 感染症に気を付けて！

　こまめに手洗いやうがいをしても、ユニフォームに細菌が付着しているかもしれません。ユニフォームのまま施設の外に出るということは、施設の外に細菌を振り撒いていることと同じ。逆に、ユニフォームのまま外部の人と接触した場合、施設に細菌を持ち込んでしまう可能性もあります。原則、休憩でも施設の外に出ることはやめましょう。

2 ユニフォームを着ている意味を考えよう！

　ユニフォームにそでを通している間は「施設の一員」です。ユニフォームを着ていることで、外部の人は、実習生のことを「施設の関係者」と考えます。これは休憩時間でも同じです。つまり、施設の外に出て何かしらのトラブルに巻き込まれたとしたら、実習生個人だけが被害にあうのではなく、実習先の施設や学校にも迷惑をかけてしまうのです。

P **Point**
外出するときは許可を得ること！

　実習中は、無断で施設の外には出ないようにしましょう。休憩時間といえども、基本的に拘束時間とみなされます。行き先がどこであれ、実習中は施設外には出ないようにしましょう。
　しかし、どうしても施設の外に出なければいけないことも起こります。その場合は、早めに巡回指導の先生や実習指導者さんに相談しましょう。理由によって許可を得られることもあります。

Q27 休憩時間は何をしてもいいの？

学校の休憩時間と同じように、実習中の休憩時間も好きなことをしていいのでしょうか？ オリエンテーションで休憩中のことはあまり話がなかったので気になります。

A

実習生が休憩している場所は自宅ではなく、利用者さんが生活している施設です。いわば、利用者さんの家におじゃましているということ。だから、何をしてもいいわけではありません。時間や規則を守り、常識的なふるまいが求められます。

- 実習に行く前は、休憩時間にあれこれしようと考えていたけど、いざ休憩になると疲れて何もできなかった。
- 休憩中、机回りを散らかしていて注意を受けました。
- 休憩中、大きな声で話していたら注意を受けました。

休憩中に気をつけること

1 時間や規則を守る

　休憩時間を守るように心がけましょう。施設によっては昼の休憩を小分けして、退勤前に記録と小休憩の時間を設定するところもあるようです。その場合、この時間に休憩時間も含まれているからといって早く退勤するのはNGです。実習時間は決まっているのですから、その既定の時間は守らなくてはなりません。

2 「利用者さんの家におじゃましている感覚」が大切

　休憩室を一歩出れば、そこは利用者さんが生活している空間です。利用者さんの家で休ませてもらっているのと同じですから、休憩場所でも節度や高いモラルをもって、利用者さんや職員さんに迷惑をかけないように注意しましょう。

注意しよう！
してはいけない休憩のとり方（例）

- 大きな音で音楽をかける
- お菓子やジュースを持ち込んで騒ぐ
- ふだん着に着替えて、自宅のようにふるまう
- 廊下（ろうか）や共有スペースに座り込んで休む
- 喫煙（きつえん）する（喫煙場所があったとしても、実習中は控（ひか）えましょう）　など

3 こんな休憩は疲れを残す！

　ふだんの学校生活では、休憩時間というと特に束縛(そくばく)はなく、人それぞれ時間を自由に使っていますが、実習中は「しっかり休む」ようにしましょう。

　休憩時間に実習日誌を書くこと、体力の低下を招くこと、集中力が必要なことは避けましょう。その後の実習に響かないようにしてください。

注意しよう！
こんな休憩は疲れを残す

- 毎日、休憩時間に提出書類の記録をする
- 持っている小型ゲーム機や、スマートフォンで長時間ゲームをする
- ダイエットのために、食事や水分を摂らない　など

第3章　実習中のこと

Q28 実習記録に何を書けばいいかわかりません……

毎日書く実習記録ですが、何を書いたらいいのかわかりません。どうして書かないといけないのですか？

A

実習記録は毎日書くもの。その日のなかで一番印象に残った出来事を書きましょう。また、それがその日の「目標」に沿った内容であればベストです。実習記録は、実習場面を振り返ることで利用者さんのことを客観的に理解することにつながります。また、実際に行った介護が適切であったかどうかを考察することで次の課題の発見にもつながる、とても重要なものなのです。

●自分も何を書くか悩んだけど、「今日の目標」に関連した取り組みを書くようにしました。

●実習記録の最後に「課題」を書いておくと、次の日の「目標」にもなるからオススメします！

●上手くいったこと、失敗してしまったこと、どちらも実習記録に残しました。

実習記録を書くポイント

1 実習記録を書く目的

　皆さんが実習記録を書くのは、自分がどのような取り組みを実施し、そしてどのように感じ、学びとったのかを整理して理解するため、また、利用者さんや実習施設(事業所)に対する理解を深めるためです。

　皆さんが書いた実習記録は、実習指導者さんや巡回指導の先生に読んでもらうことになりますが、実習指導者さんも巡回指導の先生も、きちんとした目的をもって実習記録を読んでいます。

●実習記録を読む目的

実習指導者の立場	●実習生の体験している内容や抱えている課題点を把握する ●実習生が指導に対してどのように理解したのかを確認する ●今後の実習指導に活かす
巡回指導の先生の立場	●実習施設(事業所)の概要を理解する ●実習生の取り組み状況を確認する ●実習生の課題点を明確にし、今後の成長につなげていく

　つまり、実習記録は、書いている皆さんにとっても、それを読む人にとっても重要なものなのです。

2 何を書いたらいいの？

　実習が進めば取り組む内容も変わっていくので、実習記録の内容もより具体的になっていくはずです。そして、実習記録を書くことで新たに考えるべきことが出てくるはずです。

　実習初日、実習1週目、実習2週目以降で、実習記録の例をあげてみましょう。

第3章　実習中のこと

●実習初日

実習施設の概要 (雰囲気・特徴・工夫等)	認知症の方がご自分の部屋がわかるよう、入口にその方の若い頃の写真を飾る工夫がされていた	**考える!** さまざまな工夫をすることは、利用者にとってどのような意味があるの?
介護職員の動き	毎朝実施されている夜勤者からの申し送りでは、夜間の利用者の様子を日勤者に伝える重要な業務があることを知ることができた	ほかに「報告・連絡・相談」をしている場面はない?
利用者の様子	自分が不安そうな表情をしていたのが伝わってしまったのか、「どこから来たの?」と利用者から声をかけてくれた	なぜその一言が出たの?(利用者の優しさから? 利用者は実習生のことをよく見ている?)

●実習1週目

利用者とのコミュニケーションでのかかわり	Aさんは私の手を擦りながら「若い人はいいわねぇ～」と言って、ご自分の若い頃の話を始めた	**考える!** なぜ若い頃の話を始めたの? Aさんの気持ちは?
見学した内容	トイレでの排泄介助の見学では、バスタオルをかけることで露出部分を最小限にする配慮がされていた	なぜ露出部分を最小限にすることが大切なの?

●実習2週目以降

実際の場面を具体的に取り上げる	昼食の食事介助時、「あんたも食べな!」と、Aさんは私の口元にスプーンを突きつけた	**考える!** なぜそのような言動をしたの?(さまざまな角度から考える)
実習指導者からの注意やアドバイス	Aさんは右の耳のほうがよく聞こえるので、右側から話しかけるようにとアドバイスを受けた	Aさんの障害の特性について、ほかに配慮することはない?

3 実習記録を書くうえでの留意点

　実習記録を書くうえで、気をつけるべきことがあります。小さなことかもしれませんが、その積み重ねが利用者さんへのよりよい介護につながるのです。実習記録を書くときは、以下の点を頭においておきましょう。

●実習記録を書くときの留意点

- ●学校で用意されている所定の様式に沿って記述する。
- ●黒のボールペンを使用する。
- ●書き間違えた場合は、修正液は使わずに上から二本線を引き、その上に訂正印を押す。
- ●利用者の氏名はイニシャルとし、個人が特定されないようにする。
- ●5W2H※に沿って整理して記述する。
- ●観察したこと、利用者や自分の言動や行動、それに対してどのように考察したのかを簡潔明瞭に記述する。
- ●利用者とのやり取りを逐語的に記録する(臨場感が生まれ、読む人もその場面のイメージができるようになる)。
- ●実習指導者への提出前には必ず読み返し、誤字や脱字がないか、文面の内容から意味は通じるかを確認したうえで期日までに提出する。

※ 5W2Hとは、「いつ(When)、どこで(Where)、誰が(Who)、何を(What)、なぜ(Why)、どのように(How)、どのくらい(How many/How mach)」のこと。

4 上達するためのちょっとしたヒント

　記録を書くことは、一朝一夕には上達しません。しかし、毎日努力して書き続けることで必ず上達します。次のヒントを参考にしてみてください。

●記録が上達するためのヒント

ヒント	理由
毎日、新聞を読む	新聞記者は、限られた文字数で読み手にわかりやすく伝えることができる、研ぎ澄まされた感覚をもったプロです。プロの文章の書き方を盗みましょう。
実習生同士で実習記録を見せ合う	実習生同士で実習記録を見せ合い、お互い評価し合いましょう。ただし、お互い成長するために行うものなので、評価されても怒らないことが大前提です。
上手な実習記録をマネる	実習生同士の実習記録を見せ合った後、上手く記述されている部分は表現や言い回しなどをマネしてしまいましょう。
マンガではなく、小説を読む	マンガは文章をイラストで補うことができますが、小説は文章だけで内容を表現しなくてはなりません。書く力を向上させるのに、文章の表現力に優れた小説を読まない手はありません。

第3章 実習中のこと

Column

記録の時間の使い方

ワンランク上の学習時間

　記録を書く時間帯※は実習生にとってとても貴重な時間であり、いかに有効に使うかが重要となります。なぜなら、その日の実習記録を記入していくうちに新たに湧(わ)いて出てくる、さまざまな疑問や確認したい事項などを、その日のうちに実習指導者さんに聞くことができるからです。また、その日の実習記録で取り上げた利用者さんの夕食時の様子も観察することができます。これらは、限られた時間のなかで記録にしっかり取り組んだ人にしか得られない、ワンランク上の学習時間といえるでしょう。

※ 記録を書く時間帯がない実習施設もあります。

密室での実習記録の記入……。職員さんが見ていないからって、休み時間にしていない？

　実習記録を記述するときは、実習生の休憩室(きゅうけいしつ)や会議室等の密室となる場所を使わせてもらうことがあります。職員さんの目が届かないからといってメールやSNSを確認したり、居眠りしたりすることがないように気をつけましょう。実習生が部屋を使用しているとは知らずに、突然、職員さんやボランティアさんが入ってくることもしばしばあります。時には施設長さんも……。

　記録の時間は実習生に与えられた特権です。その特権を与えられるからには、実習生としての義務をしっかり果たすようにしましょう。

Q29 実習記録はいつ、どこで書くの？

その日の取り組みを書かなくてはならない実習記録ですが、実習先で記録を書く時間はもらえるのですか？　また、書く場所は決まっているのですか？

A 実習記録は、毎日の実習が終わった後に書くことになります。そのため、記憶が新しい当日中に書くようにしましょう。実習記録を書く場所は、施設の状況によってさまざまです。あらかじめ実習指導者さんに確認しておきましょう。

● フロアの隅で書いていたら利用者さんから話しかけられて困りました。でも、働くようになったらそれが普通なのかな。

● 翌日提出だったので家で書きました。家だとダラダラしちゃうので書き始める時間を夕食後すぐと決めておきました。

実習記録を書くときのポイント

1 実習記録を書くタイミング

　実習期間中は、実習に支障がない限り施設側で記録を書く時間を設定してくれることがあります。実習記録はその日の実習の取り組みを記述するものなので、15時のおやつ介助が終了してから夕食の準備が始まるまでの30分～60分くらいの間に書くことが多いでしょう。

　実習記録を書く場所は、実習生の休憩室や利用者さんが過ごされるフロアの隅など施設によって異なるので、あらかじめ実習指導者さんに確認しておきましょう。

2 実習記録の提出

　実習記録は当日の提出、または翌日の提出になります（週末の場合は、翌週の初めの実習時に提出することもあります）。また、提出するときは原則、実習指導者さんに出すようにします。施設によっては、提出用の書類ケース等が設置され、提出場所が定められているところもあります。翌日や翌週提出の場合は、朝一番に提出できるようにしっかり準備をしておきましょう。

3 時間内に書き終わらなかったら……

　時間内に記録を書き終えることができず、当日の提出ができない場合には、その旨を実習指導者さんに伝えてください。翌日の提出にするのか、記録時間を延長するのかなど、実習指導者さんと相談することになります。

　ここで重要なことは、自分で判断をせずに実習指導者さんに指示を仰ぐということです。また、時間内に書き終えることができなかったことをお詫びする言葉と姿勢も忘れないようにし、なぜ時間内に書き終えることができなかったのかを考えてみましょう。

●時間内に書き終えることができない……というときの振り返り

理由	反省点
書きたいことが見つからない……	実習中に気になったこと、疑問に感じたこと、うまくできなかったことなど、印象に残る出来事はメモをとる癖をつけましょう。
いろいろ書きたいことがあって絞れない	実習記録として書く場面を一つか二つに限定するように心がけてみましょう。いろいろと取り上げたい気持ちもわかりますが、限定された場面に対して考察を深めたほうが学習した内容が読み手には理解しやすいものです。
友人とのおしゃべりを優先してしまう	困るのは自分です。限られた貴重な時間なので、今は記録を書くことに集中しましょう。きっと友人も後々困るはずです。

第3章 実習中のこと

Q30 実習記録は自分が読めればいい？

字を書くのがすごく下手です。実習記録は自分が読めれば問題ないですよね？

A

実習記録は、取り組みの内容を文章として残すものです。当然、自分だけ読めればよいというものではありません。あなたの実習記録を見た全員が同じように理解できるよう、丁寧な字でわかりやすい文章を書きましょう。

- ふだんどれだけ字を書いていないか、実習中に痛感しました。ふだんの授業からしっかりノートをとるように心がけました。

- 初めのうちは下書きをしてから清書するようにしていました。

- 実習指導者さんに「とても読みやすい字ね」と褒められました。ちょっと大きめに書いただけですけど……。

実習記録をわかりやすく書く必要性

1 実習記録の使われ方

　実習記録は、実習指導者さんや巡回指導の先生が、実習生の取り組み状況や課題点を理解するための重要な資料です。実習記録の内容が読み手に伝わらないと、意味がないものになってしまいます。また、字体は、読み手にその人の性格まで連想させてしまうことがあります。クセ字の人はペン字トレーニングをするのもよいですが、まずは心を込めて丁寧に書くことを心がけましょう。

2 働くようになったら……

　介護現場で介護職員として働くようになると、日々の利用者さんの様子や変化などを、その利用者さんの個人ファイルに記録として残していきます。その一つひとつが利用者さんの情報として職員間で共有され、支援サービスにつなげられていきます。記録した内容がしっかり伝わらないと、貴重な情報が欠けてしまうことにもなりかねません。

3 信頼関係の問題に発展？

　皆さんは、自分にとって大切な人のお世話を誰かにお願いするとしたら、相手に何を求めますか？　やはり信頼できる人かどうかという人間性ではないでしょうか。

　介護職員は、介護記録の提示を家族から求められた場合、情報を開示します。そのとき、記録類に誤字や脱字、内容が理解できない文面があった場合、その介護職員を信頼することができるでしょうか？　しっかりと内容の伝わる正確な介護記録は、家族との信頼関係を築くうえでも重要な要素となるのです。そのことを頭において、実習記録を書きましょう。

4 絵文字はNG！

　携帯電話、スマートフォンのメール、SNSでは、絵文字は必要不可欠なものとなっています。文章中に絵文字を使うことで、自分や相手の気持ちが伝わりやすくなる、とても便利なツールです。

　しかし、実習記録は公文書としての意味がありますので、絵文字はNGです。文章で利用者さんの気持ちを表現するのは簡単ではありませんが、そのような場合は「Bさんは笑顔を見せながら『○○○○○』と挨拶を返した」というように、利用者さんが発言した言葉をそのまま文章中に、逐語的に記述するとよいでしょう。

Bさんは笑顔を見せながら「こんにちは」と挨拶を返した。

例えば上のイラストを「Bさんはうれしそうに挨拶を返した」と記録した場合、「うれしそうに」という部分は記録者の主観であるため、Bさんが本当にうれしかったのか疑問が湧きます。記録を書く際は、主観的内容か、客観的内容かという点にも気をつけましょう。

Q31 実習中に具合が悪くなったときはどうすればいい？

実習中に体調が悪くなりました。でも休むと評価に響くし、後日また実習になるのも気まずいし……。ちょっと無理してでも頑張ったほうがいいですよね？

A

体調が悪いときは、必ず実習指導者さんに報告しましょう。特に、「発熱」「咳・鼻水」「嘔吐」「下痢」などの症状があるときは、感染症にかかっている危険性もあります。無理をすると実習生や職員さんはもちろん、利用者さんに感染すると命にかかわる事態になりかねません。体調不良は、早期に対処して、早く治しましょう。

先輩のつぶやき

- 緊張で前の晩に眠れなくて、初日の申し送りのときに倒れてしまいました……。
- 朝から熱があったけど「休んだらマズい」と思って実習へ。途中で職員さんにそのことを伝えたら注意されました。
- 身体の調子が悪いときは、休む勇気も必要であると学びました。

実習中に体調が悪くなったときのポイント

1 早期に、実習指導者へ報告・相談する

　実習中に体調が悪くなったら、近くの職員さんに相談しましょう。実習指導者さんは、状態をみて、早退等の判断をしてくれるはずです。

　以前は、冬の時期の感染症に「要注意」でしたが、近年は、一年を通じて感染症が流行するようになっています。特に、インフルエンザやノロウイルスによる感染性胃腸炎は、利用者さんにとって「生命の危機」となります。体調が悪いなと感じたら、利用者さんのことを考えてしっかり休み、体調を整えましょう。

2 介護の仕事は「休まない」ことが大事！

　社会人として働いていく際の基本ですが、まずは「休まない」ということが大事です。介護の仕事は基本的に「交代勤務」です。ですから、誰かが休むと代わりの人がその役割をこなすこととなり、その結果、ほかの時間帯にも影響が出るのです。そこで重要になるのが、ふだんからの「体調管理」です。

　よく実習生が「睡眠不足」と言います。その原因としては、毎日の日誌を夜遅くまで書いていることがあげられます。実習は、肉体的にも身体的にも疲労するものです。日数が重なれば重なるほど、疲労感は増していきます。かといって、日誌を提出しないわけにはいきませんし、それが原因で体調が悪くなっても困ります。

　ポイントは、「いかにコツをつかむか」ということです。実習中は、職員さんや巡回指導の先生から指導やアドバイスを受け、どう実践するか考えましょう。実習中は疲れてしまうので、あれもこれもと自己学習をしていくのは大変です。学校にいる時期の自己学習や授業中の時間を大切にしましょう。

Q32 実習が休みの日はアルバイトしていいの？

実習は週5日なので、実習がない2日間はアルバイトを入れたいのですが、いいのでしょうか？

A 実習期間中のアルバイトは、よほどの理由がない限り控えるべきです。なぜなら、慣れない実習は肉体的にも精神的にも相当に疲れるものだからです。この疲労を回復するには、きちんと休養することが重要です。「休んで疲労を取り除くことも実習の一環」と心得ましょう。

先輩のつぶやき

● 学校から、実習期間中のアルバイトは控えるように言われていたので、休みました。

● アルバイト先の店長から「実習が休みなら来てよ」と言われて断れず……。へとへとになりました。

● どうしてもアルバイトしなければならない場合は、巡回指導の先生に話しておかなければいけないと思います。

実習期間中のアルバイトを控える理由

1 アルバイトをする理由を考えよう

　アルバイトをしている多くの人は、親に経済的な負担をかけないように、自分のお小遣いを自分で稼いでいるのではないでしょうか？　なかには学校の授業料や、通学定期代を稼いでいる人もいるかもしれません。

　それは自立した大人の考えと行動であり、とても立派です。しかし、その代償として確実に疲労が蓄積されます。自分がアルバイトをしている理由を考え、実習期間中もアルバイトをしなければならないのか考えましょう。

2 休養をとらずに蓄積された疲労のリスク

　知らず知らずのうちに蓄積された疲労のなかでの実習。そこに自分が得をする要素は何もありません。一生懸命実習しているつもりでも、「元気がない」と評価されるだけでなく、疲労の蓄積によって集中力を欠き、万が一実習中に利用者さんにけがをさせてしまうようなことがあれば、周囲から好ましくないレッテルを貼られかねません。そのようなリスクがあることをよく理解して、実習期間中のアルバイトは極力避けるようにしたいものです。

Q33 帰宅する際に注意することはある？

1日の実習がやっと終わった！ よし、帰ろう！……って、帰ろうとしたら職員さんに呼び止められたんだけど、すぐに帰っちゃいけないの？

A

1日お世話になった利用者さんや職員さんに「ありがとうございました」と挨拶をして帰りましょう。実習日誌を持ち帰って書く場合や、記録を施設の外に持ち出す場合は、個人情報の取り扱いに十分に注意してください。

先輩のつぶやき

- 利用者さんに帰りの挨拶をしたら、「私も連れて行って」と不穏状態に。……認知症で帰宅願望のある利用者さんでした。
- 実習日誌をコピーしようとコンビニに寄ったら、コピー機に原本を忘れてきてしまいました。
- 実習生控室のゴミ箱は、帰るときにはきちんと捨ててキレイにしたほうがいいよ！

帰宅する際に注意すべきこと

1 実習終了時の挨拶はどうすればいい？

　職員さんへの挨拶は、Q11を参照してください。
　高齢者施設には、認知症の利用者さんがいることもあります。また、帰宅願望といって、「家に帰りたい」「外へ出たい」という思いを抱いている利用者さんもいます。そのような人に「帰ります」と話すと、「自分も……」と帰宅願望を刺激してしまう場合があります。利用者さんによっては黙って静かに退出するほうがよい場合もあるので、前もって職員さんに確認しておきましょう。

2 個人情報の取り扱いには要注意！

　記録物は、個人名をイニシャルなどにして書いていたとしても個人情報です。実習中は疲労がたまりがちですが、行き帰りに記録物や荷物などを忘れないようにしっかり気をつけましょう。介護福祉士の守秘義務をお忘れなく！

3 実習生控室を掃除して帰る！

　ほとんどの実習施設には「実習生控室」があります。実習前後の着替えや、記録の記入、休憩等で使用し、施設によっては巡回指導の先生との面談（巡回指導）でも使用したりします。
　ほかの学校の実習生やボランティアさんが使うこともあるので、ふだんから整理整頓し、帰るときはゴミが落ちていないように清掃するよう心がけましょう。

Q34 学校で教わったことや教科書に書いてあったことと違う!?

教科書や学校で教わったことをしっかり復習していったのに、学校と施設との違いに驚いてしまいました。なぜ違うの?

A

学校は基本を学ぶところ、介護施設は応用(利用者の個々の状態に合わせること)を学ぶところです。だから、学校で学んだことと必ずしも一致するわけではありません。さまざまな状態かつ個性のある利用者さんに学校にきてもらい、練習相手になってもらうことはできません。学校で学んだ基本をもとに、実習先で実際の利用者さんを相手に応用を学ぶのです。

先輩のつぶやき

●学校では、「自立支援」と教わっていたけど、施設では全介助が多く、その実現の難しさを学びました。

●おむつ交換を何度も練習したつもりだったけど、実際におむつの中の便や尿を見て、頭の中が真っ白になりました。

学校と実習施設の違い

1 学校では、基礎や理想を学ぶ

　学校では、教科書をもとに授業が展開されていきます。そこで、基礎や「こうあるべき」という理想を学び、ある程度必要な知識を学んでから、実習に行くことになります。

●基礎と理想とは

基礎	一般的な技術や知識（多くの人で通用する方法や知識）
理想	正論というべきもの。介護は「利用者本位」が基本。利用者さんには「人権」があり、お客様でもある。そうした基本を守り、介護に従事することが社会に求められる。

　「理想と現実」という言葉がありますが、理想に近づくための努力も必要です。「よい介護」をしようとすれば、介護者に負担がかかるもの。でも、介護者が楽をしようとすると、「介護者本位」になってしまいます。「何のために」「誰のために」介護をするのかを常に頭においておくことが大切です。大勢の利用者さんを相手に時間に追われたとしても、理想（正論）は忘れてはいけません。

　介護の現場は、人手不足や利用者さんの重度化などさまざまな課題を抱えており、それが学校と実習施設の違いを生む原因と考えられます。決して施設の職員さんが理想を忘れているわけではありません。皆さんも、介護現場の現実をしっかり受け止め、少しでも理想に近づくにはどうすればよいかを考えてみましょう。

2 実習生が感じる学校と実習施設の違いの一例

　実習生から「学校と違う！」とよく聞く場面をあげてみました。学校と施設でどうして違うのか、考えてみましょう。

●学校と施設の違い

	学校	施設
排泄(おむつ交換)	●練習では排泄物が出ていない ●練習相手は、麻痺も拘縮もなく元気	●実際に排泄物が出ている ●利用者は、身体状態だけでもさまざまな人がいる
着脱(更衣)	●バスタオルをかけるなど、プライバシー保護が基本	●プライバシーは学校で学んだ内容よりも少し簡略的なところもある
食事	●無理に食べさせてはいけない ●しっかり観察するためにも1対1が基本	●口を開かない人には、少し強引にでも口に入れるように見える ●複数の利用者を1人の介護者が担当する
移動	●車いすは同時に複数押さない	●時間がないので車いすを同時に複数押す
その他	●コミュニケーションや声かけでは敬語を使うべき ●声かけは細かくすべき	●信頼関係や親しみを表すために言葉を崩す(「～ちゃん」「～しよう」など) ●声かけは少ない

注意しよう！
本当に時間がない？

　介護現場では「時間がない」と、よく聞きます。例えば、食事介助の利用者さんが4名で、職員さんが2名しかいないとき。利用者さんの介護度や嚥下状態によっては、1人の食事介助に20分～30分かかることもあります。それから次の利用者さんの食事介助に……と考えたら、確かに時間がないかもしれません。

　しかし、本当にすべて「時間がない」のでしょうか？　介護の現場では、早番と遅番とで次の勤務者に仕事を残して迷惑をかけたら気まずいと考える人が多いようです。つまり、「時間を気にする」というよりも「同僚(職員)の顔色を気にする」のです。でも、これでは「介護者本位」の介護になっていますね。皆さんも、実習中に「時間がない」と感じたら、そんなときこそちょっと立ち止まって「介護者本位」の介護になっていないか考えてみましょう。

第3章　実習中のこと

Q35 施設で使われている言葉（略語）がわからない！！

施設での申し送りやミーティングで、うまく聞き取れなかったり、意味がわからない言葉があったりして、メモがとれません。職員さんは、聞き取りながらメモもとっているのですが……。どうすればいいですか？

A 申し送りやミーティングでの情報を把握・理解しないまま介護に当たれば、利用者さんが命の危険にさらされるおそれもあります。しっかりと情報を把握すること（メモをとること）は介護職員としての基本です。聞き取るにもコツが必要なので、意識して練習してみましょう。聞き取れたものの意味がわからない場合は、職員さんに教えてもらうようにしましょう！

先輩のつぶやき

●申し送りで、夜勤者の報告を聞いたけど、メモが追いつかなかった……。
●実習中に職員さん同士の話を聞いていたら、略語が全くわからなかった。
●実習後半になったら、話されている内容がだんだんわかってきました。

略語を理解するためのポイント

1 申し送り等の内容をメモするコツ

　申し送りやミーティングの様子を見ていると、職員さんはメモをとりながら報告内容も頭にしっかり入っています。一方、実習生はメモをとるのに必死で、内容が頭に入っていないということがあります。職員さんは、利用者像が頭にしっかり入っているので、話も覚えているしメモもとれるのです。ですから、まずは利用者さんの個性や特徴をつかむことからはじめましょう。

　ポイントは、全文を書こうとしないで「大事なところだけを書き出す」ことです。これは、学校の授業でも練習できます。先生が板書したことをそのままノートに写すのではなく、話した内容も含めて、「大事だな」と感じたことを書いてみましょう。

●申し送りの例

> 　昨夜19時頃、201号室Cさんからコールがあり、訪室すると「熱っぽい」と訴えがありました。検温すると「KT38.5℃」のため、三点クーリングを実施し、水分補給100cc。
> 　23時に検温すると「KT37.2℃」と解熱していたため、三点クーリングはずし、水分補給50cc。その後、夜間は良眠された様子です。
> 　6時に検温すると「KT37.3℃」で、まだ微熱があります。朝食は居室配膳し、二分の一ほど摂取されました。

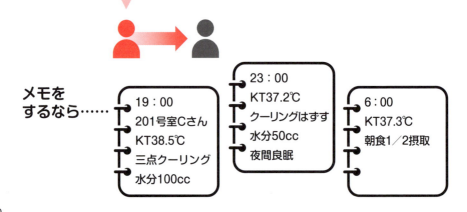

メモをするなら……

- 19：00
- 201号室Cさん
- KT38.5℃
- 三点クーリング
- 水分100cc

- 23：00
- KT37.2℃
- クーリングはずす
- 水分50cc
- 夜間良眠

- 6：00
- KT37.3℃
- 朝食1／2摂取

●申し送りの例の専門用語

専門用語	意味と解説
検温	体温測定をすること。腋下が一般的だが、口腔・直腸・鼓膜による測定方法もある。
KT	Korpertemperatur（ドイツ語）の略。BT（Body Temperature（英語））とも表記する。体温の略のこと。
三点クーリング	高熱（38.5℃前後）の際に、頸部（首）・腋下（わき）・鼠径部（足の付け根）を冷やすこと。
解熱	「げねつ」と読む。異常に高くなった体温を下げること。

2 略語を理解しよう！

　施設でよく使われる略語を以下にまとめました。申し送りで聞き漏らすことがないよう、事前に確認しておいてください。もちろん、ほかにもたくさんの略語があります。専門用語も勉強しておきましょう。

●施設でよく使われる略語

略語	意味と解説
特変なし	利用者さんの様子に特に変わりがないこと。頻繁に使うと、しっかりと観察できているのか疑問に思われることもあるので要注意。
体交	体位交換の略。本来は、体位変換。「仰臥位→側臥位」や「右側臥位→左側臥位」等。
トランス	トランスファーの略。車いすからベッド等へ移乗する介助のこと。
ディスポ	ディスポーザブル手袋の略。ディスポーザブルは「使い捨て」と訳す。使い捨て手袋のこと。
食介	食事介助の略。食堂での介助が基本だが、居室配膳での食事介助もある。
中介	「なかかい」と読む。入浴の中介助の略。浴室内で洗身や洗髪、利用者さんの誘導等の介助を行うこと。
外介	「そとかい」と読む。入浴の外介助の略。居室から浴室までの誘導や脱衣室での着脱介助を行う。
ADL	日常生活（に必要な）動作のこと。移動・食事・排泄・着脱・入浴・整容等がある。

IADL	手段的日常生活動作のこと。日常生活上の複雑な動作をいう。買い物・洗濯・金銭管理等がある。
QOL	クオリティオブライフの略。生活の質、人生の質、生命の質などと訳す。福祉の基本の考え方。
CW	ケアワーカーの略。介護従事者を指す。
ケアマネ	ケアマネジャーの略。介護支援専門員。相談、介護保険サービスの計画や連絡調整等をする。
PT	理学療法士の略。基本的動作能力回復のリハビリテーションを担当する。
ST	言語聴覚士の略。聴覚障害のある者に音声機能や言語機能訓練、検査等を実施する。
OT	作業療法士の略。身体、精神障害のある者に、手芸や工芸等を通した作業療法を実施する。
ショート	ショートステイの略。介護保険では短期入所生活介護と短期入所療養介護。1か月以内の期間のなかで入所すること。
特養	特別養護老人ホームの略。介護保険では介護老人福祉施設。生活の場と位置づけられる。
老健	介護老人保健施設の略。リハビリテーションや医学的管理などを目的とし、居宅における生活への復帰を目指す。
デイ	デイサービスの略。介護保険では、通所介護という。規模の小さいところから規模の大きいところまでさまざまである。

第3章　実習中のこと

Q36 反省会って何を言えばいいの？

実習最終日に「実習を振り返った反省会」があると言われました。何を言えばいいのでしょうか？　どんな準備が必要ですか？

A 反省会の日程は事前にわかっているはずなので、実習で学んだこと、できたこと、できなかったことなどをまとめておきましょう。「司会」が学生の場合は、前もって話があると思いますが、学生同士で相談しながら準備をするといいでしょう。反省会の最後には、実習で勉強させていただいた感謝の気持ちを必ず伝えましょう。

● 施設長や各課の責任者、生活相談員などがズラリと並んだなかでの反省会で、ものすごく緊張しました……。

●「実習生が司会として反省会を仕切ってください」と言われ、頭の中が真っ白になりました。
● 私の実習先の施設では、「反省会」ではなく「意見交換会」と呼んでいました。

反省会ってこういうもの

1 反省会の流れ

施設の考え方や実習時期などで、反省会の規模や参加者は変わります。基本的には下の図のように実習生と実習指導者さんが向かい合って座り、開始の挨拶から始まります。

●反省会の席

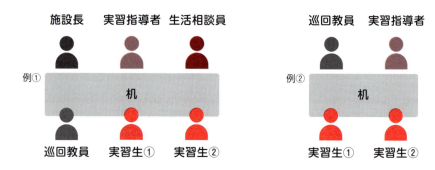

●反省会の進行順とアドバイス

進行順	アドバイス
①開始の挨拶	「これから反省会を始めさせていただきます」 ※ここでお礼を述べてもよい
②実習生の反省	次のページで説明します
③施設職員からのコメント	役職が上の人から指名する （例①の場合：施設長→生活相談員→実習指導者の順）
④巡回指導の先生からのコメント	
⑤実習終了にあたっての事務確認など	・記録物の提出について ・利用者さんへの挨拶の方法 ・食事や諸費用の精算など

※ 巡回指導の先生が不在の場合、④は無し。

2 実習生の反省って何を話すの？

「反省」ですから、実習中の出来事や学んだこと、できたこと、できなかったことを話すことが基本です。下記を参考にして、事前に準備をしておきましょう。

実習に臨(のぞ)むにあたって、学校で目標（課題）を立てている場合は、それが「どの程度」「どのように」達成できたのか、または「できなかったか」を明らかにします。

●反省会の参考例

介護職員の利用者とのかかわりを参考に、

> 職員と利用者の会話場面やかかわりの場面をあげ、参考になった部分を具体的に話す。

コミュニケーションの方法を学び、

> 実際に自分が利用者と話して、うまくいった点やうまくいかなかった点を具体的に話す。

利用者の個性を知ることができた。

> 会話のなかから知った、利用者の個性をあげ、今後、機会があるとすれば、それをどう活かすか等を具体的に話す。

このような場面で「話すのが苦手」という人は、上記の参考例を参照し、具体的な利用者さんとの事例から反省していきましょう。そうすると、実習指導者さんも実習生が「理解しているのか・していないのか」がわかりやすく、アドバイスしやすくなります。

Q37 反省会で施設の改善点を聞かれました。正直に言っても大丈夫？

反省会の席で、「実習生の視点から感じた施設の改善点があれば教えてください」と言われました。「実習評価には影響しない」と言われたのですが、本当でしょうか？

A

施設側は、実習生の純粋な視点で指摘された改善点などをサービスに活かしたいと考えているのは本当です。実際に、実習生からの指摘によって見直されたサービスも存在します。しかし、「おかしいな」と感じたところをただ言うだけでは不十分です。「こうしたらいいと思う」という自分の意見も伝えましょう。聞くほうも人間であることを忘れずに。

先輩のつぶやき

- この際なので、「職員さんの言葉遣いが悪いと思いました」と正直に言いました。
- 言いたいことをズバズバ言ったら場の空気が悪くなり、気まずくなりました。
- 改善点などは特に感じなかったので、何も言いませんでした。

改善点などを話す際のポイント

1 言いたいことか、言うべきことか？ を判断しよう

　長期間にわたって実習していれば、実習中に施設の介護のあり方について疑問を抱く瞬間があっても不思議なことではありません。むしろ、何の疑問も抱かないほうが少ないといえるでしょう。それを未解決にしたままにするのではなく、勇気をもって解決することは大切ですが、物事には「言い方」というものがあります。

　発言する場合は、巡回指導等の時間を活用して先生とともに発言内容や言い方を慎重に検討するとよいでしょう。どんな理由があろうと、半人前のあなたの実習を受け入れてくれたことを忘れずに。

2 実習生が改善点を話す意義

　毎日多忙のなか、あなたの実習を受け入れて手取り足取り指導してくださった職員さん。それだけでなく、実習期間中に各部署の講義の時間を設けてくれたり、反省会を開催してくれたりするところも多くあります。ただでさえ忙しいのに、そのような時間を作ることは非常に大変なことなのです。すべてはあなたの成長のためにしてくださっていること。

　介護福祉士に資質向上の義務があるように、施設も日々サービスの向上に努めています。実習生という「純粋」な視点で感じたことは、職員さんがふだん気づかないことである場合が多くあります。それを丁寧に伝えることが、利用者さんの快適な生活へとつながるのです。

Column

他校の実習生とのかかわり方

学校によってさまざまな違いがある

　2006年に介護福祉士養成施設（以下、養成施設）のカリキュラムが改正され、「新カリキュラム」となり、それまで画一的だった介護実習に「学校独自」の裁量（さいりょう）を取り入れられるようになりました。すると、養成施設によって各実習期の期間や実習の位置づけ、実習先の選定などに大きな違いが出てくるようになりました。

　以前から、実習施設によっては同じ時期にさまざまな養成施設の実習生が集まることも珍しくなく、そこにメリットもデメリットもありました。旧カリキュラムの頃（ころ）は、同じフロアに10人もの実習生が集まってしまう施設もあり、その場合は職員さんの介護に同行するのも競争してい

期間と特徴

養成校A			養成校B
介護実習Ⅰ	約3週間 基礎＋技術習得	約2週間 基礎＋技術習得	介護実習Ⅰ
介護実習Ⅱ	約2週間 基礎＋技術習得 様々な種別体験	約1週間 様々な種別体験	介護実習Ⅱ
		約4週間 介護過程の一部	介護実習Ⅲ
介護実習Ⅲ	約5週間 介護過程	約4週間 介護過程	介護実習Ⅳ

たものです。最近は、実習施設も実習指導者講習会の修了者が担当者となったり、個別的に指導したりするシステムになっていますから、そのようなことはなくなっています。

自分の実習に集中しよう！

　実習生は、他校の実習生と自分を比べて、焦ったり悩んだりしています。しかし、先述のように養成施設によって実習の内容などが異なるので、それを気にする必要はまったくありません。もちろん、職員さんもそのように見ていてくれるはずです。
　例えば、ある実習先でのこと。
　専門学校生のDさんは、介護過程が実習の課題となっていました。ちょうどその時期に、他校から大学生のEさんが実習に来ていました。担当する利用者さんはそれぞれ別でしたが、たまたま実習生控室で一緒になり、情報交換をしました。Eさんの情報収集の用紙を見せてもらうと、自分の学校の書式と比べて「医療的分野」の内容が倍以上ありました。それを見て負けたくないと焦ったDさんは、自校の書式にはない分野の情報を集めようと頑張りますが、そうこうしているうちにほとんど個別援助計画が実践できないまま実習が終わってしまいました。
　その後、Dさんの実習の成績が学校に来ましたが、成績は芳しくなくショックを受けていました。Eさんを過度に気にしすぎてしまい、本来は必要のないことまでやろうとしたからです。
　他校の実習生とは情報交換もできますし、仲間として仲よくなるのはかまいませんが、過度に意識するのはよくありません。もし、他校の実習生が「すごいな」と感じたら目標にするのも一つですし、反面教師にする場合もあるかもしれません。大切なことは、人ではなく自分の目標や課題克服に集中することです。

第4章

実習最終日のこと

Q38 実習最終日。記念に写真を撮ってもいい？

可愛がってくれた利用者さん、お世話になった職員さん、一緒に頑張った仲間たち……。思い出にしたいので写真を撮ってもいいですか？

A

利用者さんや職員さんのほうから「記念写真を撮らない？」とお誘いいただいたのなら、喜んで一緒に写してもらってよいでしょう。でも、こちらからお願いすることはマナーに反します。なぜなら、実習は遊びではないからです。「親しき仲にも礼儀あり」という諺を知っていますか？

どんなに仲よくなったとしても、利用者さんや職員さんはあなたの友達・家族ではないのです。

先輩のつぶやき

● いろいろな思い出が心にいっぱい残ったから、写真を撮ることは考えなかったかな。

● 行事のときに職員さんが撮ってくれた写真を記念にもらって嬉しかった！

第4章　実習最終日のこと

写真を撮る意味は？

1 写真も個人情報です

　写真を撮って、それをどうしたいのでしょう？　ブログやTwitter、LINE、Facebookなどにアップしたい？　その行為自体がNGです（Q13を参照）。施設のホームページや広報誌に写真が載っているから大丈夫だと思いますか？　いえいえ。それは、ご本人やご家族に写真の撮影と利用の許可をいただいているのです。

　実習が始まる前に、施設との間で交わした約束事（実習誓約書など）には、「実習中に知り得た個人情報はむやみに外部へ持ち出さない、公表しない」という項目があるはずです。あなたにそのつもりがなくても、写真を撮ってそのデータが残るということは、利用者さんの個人情報が外部に漏れる可能性があるということなのです。例えば、施設内や建物の前で実習生同士で写真を撮るとしても、職員さんに撮影してもよいか確認して許可をいただいてからにしましょう。もちろん、介護福祉士となり、職員になったからといって、それらの行為が許されるわけでもありません。利用者さんの写真をインターネット上にアップしたために、懲戒処分を受けたり、悪質な場合は資格が取り消しになることもあります。

2 思い出は心の奥のアルバムに……

　そして何より、思い出は心の奥のアルバムに残しておきましょう。もし、どうしても仲よくなった利用者さんや職員さんの顔が見たくなったら、実習先にボランティアなどでおじゃましましょう。きっと歓迎してくれますよ。

Q39 お世話になった施設の職員さん、利用者さんにどう挨拶すればいい？

いつも忙しそうな職員さんに、わざわざ声をかけて挨拶するのは迷惑でしょうか？一番お世話になった職員さんが実習最終日はお休みらしくて、どうしたらいいですか？

A 感謝の気持ちを素直に恥ずかしがらずに伝えましょう。当日お休みしている職員さんにはメッセージを残してもよいですね。実習終了から遅くとも一週間以内にはお礼状を出しましょう。

先輩のつぶやき

- 挨拶に行ったら利用者さんの優しい言葉と笑顔に涙が止まらなくて、泣きっぱなしでした。職員さんもつられて泣いてくれたなあ。
- 言いたいことはたくさんあったのに、いざとなったら言葉が出なくって、ただひたすら「ありがとうございました」と言っていました。
- 挨拶をしたら、職員さんに「またおいで」と言ってもらえてうれしかった。

第4章 実習最終日のこと

挨拶のポイント

1 感謝の気持ちを素直に伝えよう

　実習最終日を無事に迎えることができたのは、皆さんの頑張りの成果でもありますが、利用者さんや職員さんのご協力やご配慮なしには成立しないことです。生活の場、仕事場に長らくおじゃましましたこと、いろいろなことを教えていただいたことに素直な感謝の気持ちを伝えましょう。格好いいかしこまった挨拶をする必要はありません。

2 具体例をあげて伝えよう

　この実習で何が学べたのか、どんな経験が印象に残ったのか、どの言葉に励まされたのか、うれしかったのかなど、具体例をあげて伝えるとよいでしょう。例えば、「○○さんと一緒にたくさん歌が歌えてうれしかったです」「××さんとお散歩に行けたのがよい思い出になりました」「△△さんの利用者さんに話しかけるときの言葉遣いや笑顔からたくさん学ばせていただきました」「□□さんに移乗介助を褒めてもらえて自信がつきました」など。
　気持ちが盛り上がって涙がこぼれても、格好悪くはありません。でも、できれば笑顔で挨拶ができるとよいですね。

注意しよう！
できればお世話になった人全員に挨拶しよう

　挨拶は、実習を指導してくれた職員さんだけでなく、清掃係の方や事務員さん、もしお時間をいただけるようなら施設長さんにも無事実習が終わったことのお礼とご挨拶をしましょう。「いい実習生だったね」「また来てほしいね」と思ってもらえるように、実習中に顔を合わせる機会があった人には、できるだけ全員に挨拶しましょう。

Q40 最終日の実習日誌はいつ提出するの？

実習日誌は翌日に提出するように指示されていたのですが、最終日の実習日誌はいつ提出すればいいのでしょうか？

A

実習最終日の日誌の提出日は、大きく①実習最終日、②後日（実習生と施設とで提出日を決める）という二つに分けられます。学校から指示されていることがあれば、それも忘れずに施設側に伝えましょう。いずれにしても、実習最終日から間隔が空いてしまうのは好ましくありません。

先輩のつぶやき

- 実習最終日に書き終えて提出するように指示されました。
- 「提出をいつにするのか相談しましょう」と実習指導者さんに言われました。
- 最終日の記録ってどうすればよかったっけ？　先生に慌てて電話して教えてもらったけど、「授業で教えたでしょ？」って言われちゃいました。メモしておけばよかった。

第4章 実習最終日のこと

最終日の実習日誌の提出日

1 実習最終日に提出する場合

　「実習日誌は当日のうちに提出すること」と指示する施設の場合、1日の実習時間中に「記録の時間」を設けてくれるところもありますが、実習記録はその時間だけではなかなか書き終えられないものです。前述した施設のような場合は、最終日の実習日誌も当然その日のうちに提出することになりますが、翌日に提出していた施設でも、「最終日の実習日誌はその日のうちに提出するように」と指示されることもあります。そうなったときに困らないよう提出日はあらかじめ確認しておき、実習日誌以外の記録物は計画的に作成するようにしましょう。

2 後日提出する場合

　最終日の実習日誌を後日提出する場合は、以下の点にくれぐれも注意しましょう。

●後日提出する場合の注意点

- 施設と相談して、提出する日時をきちんと決めましょう。
- 提出日時を巡回指導の先生に報告しましょう。
- 決められた提出日時は、必ず守りましょう。
- 郵送での提出はトラブルのもとになりますので控えましょう。
- 施設に提出に行く際には、身だしなみを整えましょう。
- 無事に提出が済んだことを巡回指導の先生に報告しましょう。

Q41 帰る前に気をつけることは？

ようやく終わった介護実習。気分よく帰りたいけど、何か忘れているような……。気をつけるべきことを教えてください！

忘れ物なし！

A

実習中に使ったロッカーや休憩室、借りたものなどは、きれいにしてお返ししましょう。忘れ物がないか、自分が持って帰るものを確認するだけでなく、お借りしたものをきちんと返したかも確認してください。実習最終日の実習日誌の提出日、提出方法もあらかじめ確認しておきましょう。

先輩のつぶやき

● ポケットに返し忘れたロッカーの鍵が……せっかく格好よく挨拶して施設を出たのに、戻るのが恥ずかしかった……。

● ロッカーに入れていた靴や着替えとか、最終日に持ち帰る物は結構多いから、大きめのかばんで行くのがオススメ！

第4章　実習最終日のこと

気をつけよう、こんなこと

1 使ったもの、借りたものはきれいにして返す！

　「立つ鳥跡を濁さず」という諺を知っていますか？　実習中に使わせていただいたロッカーや休憩室、その他お借りしたものなどはきれいに掃除して、次の実習生が気分よく使えるようにしてお返ししましょう。忘れ物がないか、借りたものはきちんと返したかをしっかり確認してください。特に、ロッカーの鍵は小さいのでポケットに入れたまま持って帰っちゃった……ということもあります。気をつけて！

2 実習が終わっても、施設との関係は続く

　実習が終わったからといって、実習先との関係が終わるわけではありません。後輩達がまた実習に行くかもしれませんし、もしかすると友達やあなたが就職するかもしれません。学校と施設の関係はずっと続くのです。「夏の納涼祭などにボランティアとして遊びに来ない？」とお誘いを受けることもあるでしょう。そのときに気持ちよく来られるように、最後だからといって気を抜かないようにしましょう。「あの実習生はいい子だったね、またあんな実習生が来るといいなあ」と思ってもらえるようなふるまいを心がけましょう。

注意しよう！
安易に「また来ます」と答えるのはNG！

「また遊びにおいでね」などと誘われたとき、本当に来られるかどうかわからないのに、安易に「また遊びに来ます」「ボランティアに来ます」「ここに就職します」などと言わないようにしましょう。こちらはついノリで言ってしまったとしても、先方が本気で期待して待っていて、なんの連絡もなしでは大変がっかりさせてしまうことになります。そんなときは、「お誘いありがとうございます。学校が忙しいのでお約束はできませんが、時間を作っておじゃまできるようにしたいです」と、少し曖昧なお返事をしておくとよいでしょう。

また、アルバイトや就職に関して熱心なお誘いを受けたときも、その場ですぐお返事をしないで「家族と、学校に戻ってから先生に相談させてください」とワンクッション置くようにしましょう。

Point
お礼状の書き方

お礼状を書くときは「拝啓」で始まり、「時候の挨拶」、文章の最後には「敬具」と、きちんとした手紙のマナーを守って書きましょう！　Q43を参考にしてみてください。

第4章 実習最終日のこと

Column

利用者さんとのお別れ……

　出会いがあれば必ず別れがあります。
　「また明日」と言って次の日にまた「おはようございます」と挨拶できる別れもあれば、もう二度と会うことができない別れもあります。
　皆さんの実習先には、疾病や障害があり、虚弱な利用者さんもいらっしゃいます。とても元気そうに見えたのに、急に亡くなることもあるでしょう。昨日帰り際に「また明日ね！」と笑顔で言ってくれた利用者さんが、翌日朝の申し送りで亡くなられたと報告されることもあれば、夜勤実習中に仮眠から起きたら亡くなっていたということもあります。亡くなられたという現実がなかなか受け入れられず、次々と襲ってくる悲しみに耐え切れず、泣いてしまってもいいのだろうか？　と悩む人もいるかもしれません。
　確かに、利用者さんの死は悲しいものです。しかし、悲しいのは「あなた」の私的な感情です。そしてあなたが今いるのは「実習」という公の学びの場です。
　あなたの泣き顔を見て、ほかの利用者さんが心配したりしないように、せめて利用者さんの前ではふだんと変わらないふるまいを心がけましょう。亡くなられた利用者さんが見たいのはあなたの泣き顔ではありません。いつも自分に向けてくれた明るい笑顔です。
　いつお別れがくるかわからない、だからこそ皆さんは後悔をしないように常にベストを尽くしてください。利用者さんと最後に交わした言葉が「ちょっと待ってくださいね」では、悲しすぎます。

第5章

実習後のこと

Q42 実習の振り返りって何をするの？

実習が終わりました。授業で実習後の振り返りをすると聞いているのですが、どのようなことをするのでしょうか？

実習の振り返りの効果

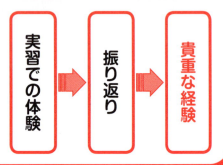

実習での体験 → 振り返り → 貴重な経験

実習中は、「できたこと」や「できなかったこと」のほか、「新たに知ったこと」など、たくさんの体験をします。それらはすべて将来への知的財産となりますが、実習が終わった後に何もせずにおくと、やがて忘れてしまいます。そうならないように、反省点をまとめて学んだことを考察し、実習で体験したことを確かな知識や経験にしましょう。

先輩のつぶやき

- 実習報告会が開催されるため、実習した内容をまとめて発表するための準備をしました。
- 個別援助計画の立案内容と実施の結果を考察して、反省点などをまとめました。
- 今でも実習での体験は忘れられないものになっています！

第5章 実習後のこと

実習の振り返りとしてすること

1 作成物の整理

　実習期間中には、考察を深めるための情報として「実習施設の概要」をまとめるための書類のほか、「オリエンテーションのまとめ」「反省会のまとめ」といった資料があります。また、実習段階によっては「個別援助計画のまとめ」に関するものもあります。日々の「実習記録」のほか、これらの書類を正しく記述して、成果をきちんとまとめるようにしましょう。

2 実習報告会の準備

　各段階の実習が終了すると、多くの学校では「実習報告書」を作成します。さらに、実習施設の職員さんや卒業生、他学年の在校生などの前で実習の成果を発表する「実習報告会」が開催される学校も多くあります。
　このような発表会があることにより、意欲的に実習の成果を振り返り、まとめることができるので、前向きな気持ちで臨みましょう。素晴らしい経験となるはずです。

●発表のイメージ

●発表のポイント
- 服装は正装
- 発表は10分程度
- 質疑応答は5分程度

●発表の役割分担
- 発表者
- 司会
- タイムキーパー
- 録画、録音

Q43 実習先の施設にお礼状を出す？

実習が終わりましたが、実習施設にお礼状を出したほうがいいのでしょうか？ またその場合、宛先や内容はどうしたらいいですか？

A

　感謝の気持ちを文章にして送ることは、実習生としてだけでなく一人の人間としても、とても大切なことです。お礼状を書くのは初めてという人もいるでしょうが、お礼状は社会的な常識やマナーの一部。自分自身の「社会人力」になると心得て取り組みましょう。また、期間を空けて出すと誠意が伝わらないのがお礼状です。実習が終了したら早めに出してください。

先輩のつぶやき

●お礼状を出したら、実習施設の掲示板に掲示してくれていました。書いてよかったです！

●お礼状のほかに年賀状も書いたところ、返信をいただけました。生涯の思い出です！

●お礼状を書くことで、大人になった気分になりました。

お礼状を出すときのポイント

1 封筒の宛名は施設長名に

　実習中に一番身近でお世話になった方は、実習指導者さんや実習担当者さんであったりするかもしれません。しかし実習は、「学校が施設に依頼をして施設が承諾する」という契約で行われているので、お礼状はその施設の長である施設長の宛名で出すことが正しい出し方です。

2 差出人は学校名・所属学科・氏名が一般的

　差出人（実習生）は、必ずしも自宅の住所を記載する必要はありません。実習生の個人情報は、実習終了後には施設から学校へ返却されることが一般的なので、封筒に記載する差出人の情報は、あなたの学校名・所属学科・氏名で失礼になりません。

3 縦書き、三つ折りで！

　お礼状のような儀礼的、社交的な要素の強い手紙文は、原則として縦書きで書くことをオススメします。また、書いた手紙は通常は三つ折りにして、白無地の封筒に入れます。切手は入手しやすい普通切手よりも、記念切手や特殊切手を使うほうが粋です。

4 「何を学んだのか」を自分の言葉で書く

　手紙を書くのは、最初は大変だと感じるかもしれませんが、関連書籍などを見本にすれば、上手に書くことができます。手紙文の最初と最後は形式が決まっているので、最初と最後の間には自分の言葉で「実習で一番学んだことは○○」といった内容の文章を書くと、相手に気持ちが伝わるでしょう。

Q44 施設の利用者さんや職員さんが忘れられない

実習最終日に、利用者さんから「また会いましょう」と言っていただけて、うれしさのあまり涙がこぼれました。いつまでもお元気でいていただきたいです。

A

実習施設の利用者さんや職員さんから、温かい言葉や励ましの言葉がいただけたとしたら、それは実習生であるあなたが誠意をもって一生懸命実習に取り組んだことが認められたからでしょう。それは素直に喜んで、今後の自信にするとよいでしょう。

●個別援助計画の対象になっていただいた利用者さんの優しさが今でも忘れられません。

●個別援助計画の対象になっていただいた利用者さんのご家族からも温かい言葉をいただけました。

●理想の職員さんに出会えて、とても憧れています。これからもご指導いただきたいです。

実習後の人間関係のポイント

1 実習後にも会うことは可能な場合が多い

　施設の場合は利用者さんに面会することができます。忘れられない利用者さんに会いたいのであれば、施設に足を運んで面会させてもらうのもよいでしょう。ただし、多くの施設には面会できる時間が設けられていますので、そのルールを遵守しましょう。事前に電話で面会させてもらいたいことを伝えるのも丁寧な対応です。

2 利用者さんに「また来ますね！」と言ったのなら

　実習最終日に、利用者さんに実習の終わりの挨拶などをする際には、感情が高ぶって「また会いに来ますね！」と言葉をかけることもあると思います。もし、そのような言葉をかけた場合は必ずその言葉を実現しましょう。あなたは一時の感情で発したかもしれない言葉であっても、その温かい言葉をもらった利用者さんは、ずっとあなたのことを待っているはずです。

3 憧れの職員さんとの付き合い方

　「私も将来、この職員さんのような介護福祉士になりたい！」と思った職員さんに出会えたら、それはあなたの財産です。きっと、その職員さんもあなたの気持ちが励みになると思います。しかし、実習は学校と施設の契約関係で成り立っているもの。個人的な付き合いを申し出ることなどは控えて、施設を通してこれからもかかわりをもたせていただくのがよいでしょう。

Q45 実習した施設に就職できる？

実習した施設の方針が素晴らしく、職員さんも向学心のある方ばかりでした。私もそのような施設の一員となって頑張りたいのですが、実習した施設に就職はできるのでしょうか？

実習先の施設に就職する学生もいます。実習先に就職するというケースは、あなた（労働者側）にも施設（雇用者側）にもメリットがあります。あなたは、「求人票」の条件だけではわからない施設の雰囲気などを実習で体感できており、施設は、採用面接だけではわからないあなたの個性を理解しているからです。

先輩のつぶやき

●第三段階実習の実習先だったので、ちょうど就職活動の時期と重なったこともあり、そのまま就職の希望を伝えました。

●実習後半に施設長と面談する機会があり、「うちに就職する意思はないか？」と尋ねられました。

●どうしても就職したいと思ったので、職員さんに求人があるか聞いてみました。

実習先に就職を決めるその前に

1 施設側から誘われたら

　まず、誘ってくれている職員さんの置かれている立場を冷静に判断しましょう。人事権のない職員さんでも「あなたのような人に就職してほしい」という気持ちから誘ってくれることもあります。それが事務長や施設長などの人事権のある職員さんになると話は本格的です。そのような立場の方から正式にオファーを受けたら、自分の意思をきちんともったうえで巡回指導の先生や家族など、信頼できる人に速やかに相談しましょう。

2 就職を決めるために大切な要素とは

　キャリア支援の観点からいえば、就職を決めるために大切な要素は数多くあります。そのなかには、一般企業には当てはまっても福祉関係の職業には当てはまらないものもあります。福祉関係で一番大切なのは、あなたと施設との「マッチング」ではないでしょうか。他人がどうこう言うからではなく、働くあなた自身が「よい施設である」と感じることが何よりも大切です。

3 就職を決意した際には

　福祉系の就職活動では、一般企業の就職活動と異なり、「内定をもらったらそれ以上の就職活動は控える」という風土があります。これは法律で定められている訳ではありませんが、福祉系では「内定を出したら確実に就職してくれる」と考える事業所がほとんどであるといえます。
　せっかく内定をもらったのに辞退してしまうと、施設のあなたに対する印象はよくないものになってしまいます。それだけでなく、「あそこの学生さんは内定を辞退するから」と学校に対する印象が悪くなってしまうこともあるようです。あなたの先輩や後輩に迷惑をかけないよう、心得ておきましょう。

|先輩は語る！|

実習に行ってみてわかったこと

　実習に行く前は不安な気持ちでいっぱいですが、終わってみれば、楽しかったこと、大変だったこと、つらかったことなど、いろいろな思い出がたくさんできたはずです。そして、実習に行って初めてわかることや考えること、感じることがたくさんあったはずです。
　ここでは、実習に行ってきた先輩の感想をいくつかご紹介します。

●介護って、利用者さん本人への介護だけじゃなくて、家族や周囲の人への支援も含むものなんだなと気づいた。周囲の人への支援も大切なんだ！
●1回でいろんなことに気づけるように、もっとアセスメント力を付けることが必要だと感じた。
●職員さんの利用者さんに対する目くばりに驚いた。自分もそれができるようになろうと新しい目標ができた。
●なんでもこちらが介護していたら、利用者さんの「できるチャンス」を奪うことになる。「利用者さんの身体機能を見極めて支援する」という視点をもつことが大事。
●個別援助計画って何のために学ぶのかな？　と思っていたけど、究極は「一人の人を深く理解する」ということだと感じた。
●多職種の職員さんがそれぞれの役割をもっていることがよくわかった。
●特別養護老人ホームで実習させてもらったので、次は介護老人保健施設で実習してみたいと思った。
●日が経つにつれて利用者さんとのコミュニケーションも増えて、関係性が変化していくのが実感できた。実習をやってよかったと思った。
●目標とする職員さんに出会うことができ、ずっと介護の仕事をしていきたいと思った。
●実習に行った結果、このまま介護の道に進むか悩んでしまった。でも、せっかく「実習」という機会を与えてもらったのだから、次の実習は気持ちを切り替えてできることをやってみようと思う。

第5章 実習後のこと

先輩は語る！

● 実習終了日の翌朝、目覚めると「今日はもう、実習に行けないんだ」と少し寂しくなった。
● 実習に行ってみないとわからないことがたくさんあった。実習前は不安しかないけど、とにかく行って経験してみて！

　実習で感じたことや得たものは人それぞれですが、それらは、これからの皆さんの人生においても大事なものとなるはずです。「実習」という経験を大事にしてください。この本の執筆者も、皆さんの学校の先生も、実習先の職員さんも、皆そうやって実習を経験してきたのです。そして、職種こそ違いますが、今も介護にかかわる仕事を続けているのです。それって素晴らしいことだと思いませんか？

　将来、皆さんが実習指導者になったときは、自分が実習したときの気持ちや、忙しいなかで実習を受け入れてくださった施設の職員さんのこと、実習生を送り出した学校の先生のことなどを思い出しながら実習生に接してください。それがお世話になった方々への恩返しになります。

第6章

実習生を受け入れる側のこと

Q46 実習生を受け入れるのって面倒じゃないですか？

職員さんが忙しいのは、見ているとよくわかります。そのため、実習生が足手まといになっているのではないかと思うときがあります。実際、実習生を受け入れるのって面倒じゃないのでしょうか？

A

施設や現場の職員さんにとって、実習生の受け入れは正直なところ大変です。しかし、決して面倒に思っているわけではありません。それに、実習生を受け入れることで、逆に気づかされることもあるのです。養成施設とともに、将来を担う優れた介護福祉士を育てることを願い、使命感をもって受け入れています。

第6章　実習生を受け入れる側のこと

受け入れる側の「姿勢」

1 「大切な初めの一歩」を作ってあげたい

　実習体験は、皆さんのその後の成長を左右する土台となります。どんな体験でも、一番初めに知り、体験し、学んだことは、その後の成長過程の土台となるので、とても重要な意味をもっています。
　実習生の受け入れは、施設にとってプラスαの仕事で大変ですが、職員さんは皆さんが優れた介護福祉士に成長するための土台となる「大切な初めの一歩」を作ってあげたいと考えています。

2 実践のチャンスを多く作ってあげたい

　職員さんは、皆さんが優れた介護福祉士に育つことを願っています。このため、現場ならではの実践経験を積んでもらえるように、出勤時に実習生の希望を踏まえた当日のスケジュールを考えます。
　養成施設で「当日の朝に目標を職員さんに伝えるように」と指導を受けているのはこのためですので、皆さんも実習のときに意識しましょう。

3 実習生に気づかされることもある

実習生から質問や疑問を投げかけられることで、見落としていた改善点や問題点に気づかされることがあります。実習生の受け入れは、施設にとって、気づきや改善のチャンスにもなっているのです。

Point
最新の介助方法を知ることができる

施設職員の年齢層は幅広く、その年齢ごとに受けた教育内容が違うことがあります。また、介助方法は施設のマニュアルで統一化されているものの、同じ施設で長年働いていると考え方が画一的になり、時代に合わない方法をルール化している場合が多々あるのです。

しかし、最新の介助方法を教授された実習生を受け入れることで、昔教わった知識や方法が変わっていることに気づかされるときがあります。例えば、移乗介助や褥瘡への対応などは、5年、10年違うと、新しい手法や対応が確立されていることがあるのです。

利用者さんの思いや考えを知るきっかけになる

職員さんは多忙のため、すべての利用者さんとじっくりと会話することが難しく、利用者さんの考えていることを把握しきれていない場合があります。特に、人との接触を拒む方はなおさらです。しかし、このような利用者さんに対して実習生が良好なコミュニケーションをとってくれると、相手は心を開き、職員さんにも話さない気持ちを実習生に伝えることがあるのです。

実習生から職員さんに、「○○さんが、こんなことを言っていたのですが……」と投げかけられることで、「え、○○さん、いつも何も言わないのに、そんなことを考えていたの!?」と驚かされることもあるのです。

第6章　実習生を受け入れる側のこと

Q47 「実習指導者」って何者？

学校の先生から「迷ったら実習指導者に相談しなさい」と言われますが、直接指導してくれる現場の職員さんとの違いがわかりません。「実習指導者」って、何をする人なんですか？

実習指導者

現場担当者

A

実習前から終わりまで、身近なことなら何でも相談できるのが「実習指導者」です。定められた基準を満たし、講習会を受けた職員さんが任される実習受け入れの責任者ですので、実習でわからないことや相談したいことがあったら、まずは実習指導者に声をかけましょう。

実習指導者の役割と指導

1 実習指導者と、その日の現場担当者の違い

　身近なことなら何でも相談できる職員さんが実習指導者であるのに対し、利用者さんに適した生活支援技術や仕事のやり方を、現場で具体的に教えてくれる職員さんを現場担当者といいます。現場担当者には、毎日の業務や利用者さんの介助、利用者さんの細かな情報など具体的なことを質問すると教えてもらえます。

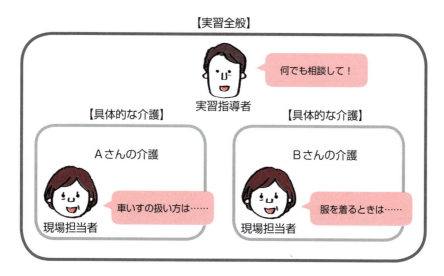

2 実習指導者になる人は、どんな職員さんか

　実習指導者になる職員さんは、まず、介護福祉士として3年以上働いていることが前提となります。そして、実習指導者講習会を受講し、認められた職員さんが実習指導者となります。また、実習指導者は施設にとって受け入れの責任者です。勤務期間や研修受講といった実習指導者の要件が整えば任命されるのではなく、指導者として相応しい信頼のおける職員さんが実習指導者を担っています。

第6章 実習生を受け入れる側のこと

3 実習指導者は、何をしている？

　実習指導者は、実習生から受けた相談に応じて、指導や助言を行います。そして、相談内容に応じて関係部署や現場担当者と話し合い、実習がスムーズに行えるようにします。また、巡回指導の先生と連絡を取り合うことも珍しくありません。巡回指導の先生と実習指導者が同じ方針で実習生を教育するために、実習中の状況や出来事を共有しているのです。

Point
実習指導者が受ける相談例

- 提出物（書類や記録物）に関する相談
- 実習生が掲げた希望や目標に関する相談
- 実習期間中に組まれたスケジュール（休みや変則勤務）に関する相談
- 実習内容全般に対しての相談
- 利用者対応に関する相談
- 個別援助計画に関する相談や報告
- 現場担当者の指導内容に関する相談
- 実習を通して感じたストレス　など

Q48 「頑張っているなぁ」と感心するのはどんな実習生？

頑張っているつもりでも、職員さんの考える「頑張っている実習生」と違っていないか、心配です。職員さんが「この子、頑張っているなぁ」と感心する実習生は、どんな実習生なのでしょうか？

A

例えば、指導やアドバイスを謙虚(けんきょ)に受け止め、教えられたことを積極的に試し、うまくできなければ何回も粘(ねば)り強く質問してくる実習生は、実習に前向きだなと感じます。また、記録も教えられたことをベースにして考察することに力を注(そそ)ぎ、実践内容や改善点、指導を受けたところを詳細に思い出して、次に失敗しないように準備している実習生を見ると、感心します。

第6章　実習生を受け入れる側のこと

「頑張っている」と感じる実習生の特徴

1 熱心にメモを取る実習生

　職員さんは、実習生のメモのとり方を見て学習意欲の高さを感じます。単純なことですが、教えられたことを忘れないように必死にメモをとる実習生と、そうでない実習生とでは職員さんが受ける印象は違うのです。
　頑張る実習生は、指導や助言のすべてを書きとる勢いで速記し、食い入るような表情で、職員さんの教えることをメモしています。メモしたことを何度も繰り返し確認する姿勢もあるので、同じ失敗を何度も繰り返しません。

注意しよう！
実習中の筆記用具、どこに入れる？

筆記用具を胸ポケットに入れると、介助のときに利用者さんにけがをさせるおそれがあるのでNGです。腰付近のポケットに入れましょう！

2 自分から指示を受けにくる実習生

　指示が出るのを待つのではなく、自発的に「指示を受けにくる」実習生に対して、職員さんは意欲を感じます。特に、職員さんの指示が途切れたときなど、前向きな実習生は、そのタイミングごとに必要なことを考えて指示を仰ぎ、介助の実践を職員さんに申し出ます。こうした姿に、「一分一秒でも惜しい！」というチャレンジ精神がにじみ出ていると職員さんは感じるのです。

Point
指示を受けるときの声かけ

「○○させてください」　→　「○○しても、よろしいでしょうか？」

3 「考察」に力を注ぐ実習生

　頑張る実習生は、記録にも力を注いでいます。実践内容を細かく記録し、自分のクセや改善点を知る努力を惜しみません。そして、自己分析したことを次の実習に活かそうとします。実践しやすい具体的な対応策まで、しっかりと考えて記録している実習生に対しては、職員さんも指導に熱が入ります。

> **Point**
> **記録の考察ポイント**
> - 「何がいけなかったのか？（何がよかったのか？）」
> - 「職員と自分（実習生）との違いはどこにあるのか？」
> - 「○○をしていたら結果は変わっていたか？」
> - 「次に気をつけるところはどこなのか？」
> - 「具体的な手段はあるのか？」

4 目標意識の高い実習生

　前向きな態度の実習生は、いつも目標を意識しています。

「今、自分が何を目指していて、何のために○○をしているのか？」

という到達目標を具体的にイメージしながら、実習に取り組んでいるのです。
　常にゴール（到達目標）を頭の片隅に意識しているので、くじけそうになったときにも踏んばれるようになり、一つひとつの実践にも熱が入ります。バイタリティーあふれる実習生には、目標意識が大きく関係しています。

第6章　実習生を受け入れる側のこと

Q49 「これは困る」というのはどんな実習生？

迷惑をかけないように気をつけていますが、知らないうちに迷惑をかけていないかと心配です。実習生を受け入れる施設として、「これは困る」という実習生の特徴があれば、教えてください！

A　利用者さんをお預かりしている施設は、利用者さんや家族から責任ある対応が求められます。このため、利用者さんを敬う気持ちがなかったり、無断で介助してしまう実習生は困ります。特に、無断で介助することは、重大な事故やトラブルにつながることが多いため、オリエンテーションのときから厳しく禁止する施設がほとんどです。

施設が困ってしまう実習生の特徴

1 利用者さんと友達感覚

　利用者さんと友達感覚でコミュニケーションをとる実習生や、敬語や丁寧語を使わずに下の名前で利用者さんを呼ぶ実習生は、施設として困ります。
　実習の初めの頃は丁寧に接していても、慣れてくると言葉遣いが乱れてきて、次第に友達のように感じはじめるようです。相手のことを理解するために慣れることは大切ですが、友達感覚になるような「馴れ合い」ではいけません。相手は人生の大先輩です。いくら実習に慣れてきても、敬う気持ちを忘れてはいけません。また、「フレンドリーな関係作りこそが、『信頼関係の構築』である」と、間違って解釈している実習生もいますが、そもそも「フレンドリーな関係」と「信頼関係」はイコールではありません。

2 無断で身体介助をしてしまう

　職員さんに無断で身体介助をしてしまう実習生は困ります。いくら学校で勉強していても、一人ひとりの利用者さんの疾患や状況を知らないまま介助するのは非常に危険です。それに、もし相手にけがを負わせたり、骨折などの事故を招いてしまったら、介助した実習生だけでなく、その利用者さんをお預かりしている施設や職員さん、ひいては学校にも迷惑をかけてしまうことになります。くれぐれも職員さんに無断で身体介助をしないようにしましょう。

第6章 実習生を受け入れる側のこと

●無断で身体介助をしてしまう事例

介助をしたら…		こんなことに…
車いすの利用者から「ちょっと、あそこまで（車いすを）押して」と頼まれて移動介助を行った。		利用者が車輪を握っているのを見落とし、車輪のスポークに指を巻き込んでけがを負わせてしまった。一歩間違えば、指を骨折していた。
居室の掃除中、利用者から「起きているのがつらいから寝かせて」と頼まれ、無断で移乗介助を行った。		車いすからベッドに移しきれず、利用者もろとも倒れ込んでしまった。外傷と発赤で済んだが、一歩間違えば、骨折していた。
臥床中の利用者から頼まれ、吸い飲みで水分摂取の介助を行った。		誤飲した。大事には至らなかったが、強くむせ込んだ。

注意しよう！
利用者さんから介助を求められたら、職員さんに伝えよう！

　無断で身体介助を行ってはいけないとわかっていても、いざ利用者さんから介助を求められると、どうしていいかわからなくなるようです。そんなときは、

「申し訳ありません。1人でお手伝いしてはいけないと言われているので、すぐに職員さんに伝えてきます」

と伝え、職員さんに連絡、報告するようにしましょう。
　頼られたら断りにくいのが人情ですが、
「もし、けがさせてしまったら……」
「もし、転倒させてしまったら……」
「もし、痛い思いをさせてしまったら……」
と常にリスクを想定し、不測の事態を招かないように利用者さんに勇気をもって返答しましょう。

Q50 施設の人は、実習生にどんなことを求めているの？

施設の人がどんな気持ちで実習生を受け入れているのか、不安になることがあります。実習中の注意点もそうですが、何か心得ておくべきことがあれば教えてください！

A

　施設の人は、実習生に「利用者さんの生活の場（プライベート）におじゃましているという気持ち」を求めています。施設は「利用者さんの生活の場」であり、実習生の学校ではないのです。利用者さんは良心や情けによって実習生に協力し、職員さんも忙しい仕事の合間をぬって指導しているので、実習生には謙虚（けんきょ）な姿勢を求めています。

第6章　実習生を受け入れる側のこと

実習生に求める三つの謙虚さ

1 利用者さんへの謙虚さ

　利用者さんは、自分の孫や子どもの年齢に近い実習生が来るとうれしそうにコミュニケーションをとってくれたり、介助にも応じてくれます。しかし、本当なら他人に見られたくない入浴場面や、排泄の後始末などを望んで見せてくれているのではありません。将来に向けて頑張る実習生のために、まさしく身をもって教えてくれているのです。

　実習生には、介助を受ける利用者さんの気持ちを、当たり前のように思わないでほしいと職員さんは考えています。あえて見せたくないことを見学させ、受けたくない介助をさせてくれる利用者さんの良心や情けを、謙虚に受け止めてほしいのです。希望や要望を一方的に主張するのではなく、相手の気持ちや情けを察する謙虚さを実習生に求めています。

2 職員に対する謙虚さ

　多忙な仕事の合間をぬって指導にあたる職員の気持ちを、実習生に謙虚に受け止めてほしいと考えています。職員が行えばすぐに終わる介助でも、実習生に実践経験を積んでもらうために、あえて職員が介助しないようにスケジュールを組み立てたりして、実習生の知らないところで調整を重ねているのです。

　実習生のために本来の業務を何とか調整している「影の努力」を察し、職員の指導や対応を謙虚に受けてほしいと考えています。

3 施設に対する謙虚さ

　実習生は、自分のことを「施設の外から来た学生」だと思っても、利用者さんの家族や来設者からは「施設の一員」とみられます。一時的だとしても、施設の一員とみなされることを謙虚に受け止め、施設のためにも来設の方々に対して気持ちのよい挨拶を心がけてください。

> **Column**

介護過程の展開
……の前に

▌利用者さんに「感謝する」
　──取り組む前の大切な心構え

　介護過程の展開は、実習Ⅱの大きな課題です。実習生によっては「やりたくない……」と感じたり、「仕方ない……」と投げやりな学生もいるようです。

　しかし、学生という立場のあなたを快く受け入れてくださった利用者さんがこのことを聞いたら、どう思うでしょうか？　数週間、自分の時間を割いて半人前の皆さんに付き合ってくれるのです。「そんなに嫌々なら、付き合うんじゃなかった……」と残念に思うことでしょう。

　介護過程の展開は、皆さんにとって大きなハードルですが、課題の対象者として引き受けてくださった利用者さんに感謝し、非礼な心構えは慎まなければいけません。

> 対象の利用者さんは、「半人前の私が行う個別援助計画の対象になってくださる方」なんだ

という、謙虚な心構えが求められます。

▌利用者さんを選ばせていただくポイント

　実は、この「利用者さんを選ばせていただくこと」が一つ目の大きなハードルとなります。選ばせていただく利用者さんがどんな人か、その人を取り巻く人物や環境によっても、その後の展開が変わるからです。利用者さんによっては、情報収集が捗らなかったり、家族から職員さんに苦情が殺到したり、せっかく立てた計画が実施できないこともあります。

　このような事態に陥らないために、利用者さんを選ばせていただく方

第6章　実習生を受け入れる側のこと

Column

法から実習指導者に相談してみてください。もし、事前にイメージしている人物像があれば、それを伝えてみてもいいでしょう。そして、選定段階になったら、いきなり1人にしぼり込まないことがポイントです。もし1人にしぼり込んでから「この人でお願いします」と実習指導者に伝えても、「この人は厳しいからほかの人で……」と、もう一度選び直すことになりかねません。施設としても、「この人はNG」という利用者さんがいるからです。

そのためにも、候補者を3人ほどピックアップしておくと安心です。施設によって選定基準は違うものの、数人の候補者を選んでおくことで、実習生の「利用者を観る目（観察力）」を養うことができますし、実習指導者にとっても調整しやすいのです。事前相談もなく、「この人でお願いします」というのは、受け入れ施設としても困るので、相談から始めましょう。

質問攻めは、尋問！？

多くの利用者さんは、実習生の情報収集に協力的で、「あなただから話すのよ」と、ほかの人にはあまり話さないことも教えてくれることがあります。実習生としては、情報収集シートの記入欄が埋まるので、ホッとするものです。しかし、いつも利用者さんから必要な情報を話してくれるわけではありません。うまくいかないことも少なくないのです。

このようなときに、よく陥るのが「質問攻め」です。実習生は普通に話しているつもりでも、情報収集がうまくできない焦りが、知らず知らずのうちに「質問」になってしまうのです。「食事のときは○○ですか？　歩くときは○○ですか？　それからコレは……」と、矢継ぎ早の質問になると、利用者さんは耐え難い「尋問を受けている」と感じるものです。

このようにならないためには、コミュニケーションのとり方をしっかり考える必要があります。目的意識をもちながら、相手の発する言葉をよく観察することが大切です。そして、相手の発した言葉に興味をもってみてください。利用者さんのプライバシーを守るためにも、情報収集の仕方に配慮が必要なのです。

おわりに

● これから実習へ向かう皆さんへ

①利用者さんのプライベートな空間におじゃまする気持ちを忘れずに

　施設は、利用者さんにとっての生活空間です。皆さんの生活空間を思い浮かべてください。そこはプライバシーが保たれたものであり、むやみに他人が出入りできるところではないはずです。

　しかし実習では、利用者さんからすれば、昨日まで知らなかった人が今日から突然、自分の生活空間に出入りすることになるのです。実習は、利用者さんがそのことを許してくださることで成り立つものといえます。そのことを念頭において謙虚な気持ちを忘れずに実習に取り組みましょう。

②目標となる理想の職員さんを探そう

　実習施設では、多くの職員さんが汗を流して働いています。優しいと感じられる職員さんもいれば、近寄りがたい職員さんもいることでしょう。このように、いろいろな人が存在することは、社会においてはごく当たり前のことです。世の中は、あなたにとって心地のよい人ばかりで構成されているわけではありません。ですから、マイナス面にばかり目を向けるのではなく、「将来はこの人のような職員になりたい」と思える職員さんを見つけましょう。施設には必ずそのような職員さんが存在すると言っても過言ではありません。

③「あなたはよく気が利くね」と言われるような活躍をしよう

　「気が利くか、利かないか」という点は、介護福祉士の資質という観点からも非常に大切なポイントです。ゴミが落ちていたら拾う。テーブルが汚れていたら拭く。ゴミ箱がいっぱいだったら片づける。車いすの大車輪に空気が入っていなかったら入れる。洗面台の鏡が汚れていたら綺麗にする。人が脱いだ履物をさりげなくそろえる……など。直接的な身体介助以外のこのような部分にも「あなたはよく気が利くね」と言われる場面が意外と多くあるかもしれません。積極的に探してみましょう。

● 実習生を迎える施設の職員の方へ

①激務のなかでの受け入れに感謝申し上げます
　これから資格を取得しようとする段階の実習生ですから、とりわけ第一段階の実習では、手取り足取りの指導が必要となり、職員の方のご負担になっていることとお察しします。やる気に満ちた実習生だけでなく、積極性が感じられない実習生もいるかもしれません。そして、そのような実習生が業務の足手まといになっているかもしれません。しかし、どのような経緯があっても、多くの実習生は若くして「介護」という決して派手でない世界で身を立てようとしています。どうか、「できる」「できない」という現状の審判のみでなく、「育てて送り出す」という気持ちで面倒をみてあげてください。

②施設と学校の担当者同士が柱です
　実習施設が「あの学校はよい」「あの学校は普通」と、学校を評価していることがあります。例えば「第三段階実習は個別援助計画だけをやらせてください」と申し入れる学校に、眉をひそめる実習指導者の方がいますが、それはよく理解できます。また、反対に学校が施設に対し、「あの施設は実習生を戦力として使っている」と評価しているという話を耳にすることもあります。これは学校側が最も困る実習施設かもしれません。実習生が実習しやすい環境を整えるのは、施設と学校の担当者です。担当者同士が常によい関係を保つことが理想であり、それが実習生にとって有益となることはいうまでもありません。

③可能な限り、あなたという人のことを話してあげてください
　実習では、生活支援技術の精度を高めることも重要ですが、人とのかかわり方を学ぶことも重要です。利用者さんとコミュニケーションを図る時間をたくさん作ってくださることは本当にありがたいことですが、どうか職員さん自身のライフヒストリーや趣味なども可能な限り話してあげてください。それに傾聴した実習生に憧れの気持ちが芽生えれば、新しい介護福祉士が世の中に誕生します。実習生には多くの大人がかかわり、いろいろな話しを聴かせてあげながら育ててあげてください。有能な職員さんは実習生にとってこれ以上ない憧れなのです。

2014年12月　青木宏心

巻末資料

■ 実習に役立つ謙譲語

① 明日行きます。　　　　　→　明日参ります。
② 確認します。　　　　　　→　確認いたします。
③ 光栄に思います。　　　　→　光栄に存じます。
④ 実習生控室(じっしゅうせいひかえしつ)にいます。　→　実習生控室におります。
⑤ 知っています。　　　　　→　存じております。
⑥ 「鈴木」と言います。　　→　「鈴木」と申します。

■ 相手の意向を尋ねる言葉

① 見てもらえますか？　　　　→　ご覧いただけますでしょうか？
② 読んでもらえますか？　　　→　お目通しいただけますでしょうか？
③ 電話してください。　　　　→　お電話をいただけますでしょうか？
④ 伝えておいてください。　　→　お伝えいただけますでしょうか？
⑤ 来てください。　　　　　　→　お越しいただけますでしょうか？

■ 実習に役立つ敬語

① お疲れさまです。　　　➡　お先に失礼いたします。

② はい、わかりました。　➡　はい、かしこまりました。

③ 今、相談とかいいですか？
➡　お忙しいところ恐れ入ります。お時間をいただけますでしょうか？

④ 言っている意味がわかりません。
➡　もう少し詳しくお聞かせいただきたいのですが。

⑤ すみませんでした。　　➡　申し訳ございませんでした。

⑥ 今、暇ですか？　　　　➡　今、少しお時間をいただけますか？

⑦ お世話様でした。
➡　大変お世話になりまして、ありがとうございました。

■ **人が好きなことば**

おかげさまで　　お疲れさまでした
気をつけて帰ってください　　恐れ入りますが…
ありがとうございます　　お帰りなさい
おはようございます　　ごめんなさい
お互いさまですよ　　申し訳ございません
お手数をおかけしました　　よかったですね！
お元気そうですね　　顔色がいいですね
大切な人です　　さわやかですね
明るいですね　　優しいですね

他にも書き足してみましょう

■ 人が嫌いなことば

関係ないでしょう？　　女のくせに　　男のくせに
○○大先生　　どうせ私は…　　やつれましたね
変わっていますね　　そんなこと言ったって
私じゃありません
誰のおかげだと思っているの？
そんなこともわからないの？　　頼りにならないね
○○のせいで　　最低　　ケチ

他にも書き足してみましょう

■ 年齢早見表

	子 ね	丑 うし	寅 とら	卯 う	辰 たつ

西暦	元号	年齢	十二支		備考
1915年	大正4年	100歳	卯		百寿
1916年	大正5年	99歳	辰		白寿
1917年	大正6年	98歳	巳		
1918年	大正7年	97歳	午		
1919年	大正8年	96歳	未		
1920年	大正9年	95歳	申		
1921年	大正10年	94歳	酉		
1922年	大正11年	93歳	戌		
1923年	大正12年	92歳	亥		
1924年	大正13年	91歳	子		
1925年	大正14年	90歳	丑		卒寿
1926年	大正15年 / 昭和元年	89歳	寅		
1927年	昭和2年	88歳	卯		米寿
1928年	昭和3年	87歳	辰		
1929年	昭和4年	86歳	巳		
1930年	昭和5年	85歳	午		
1931年	昭和6年	84歳	未		
1932年	昭和7年	83歳	申		
1933年	昭和8年	82歳	酉		
1934年	昭和9年	81歳	戌		

※ 年齢は2015年現在のもの

西暦	元号	年齢	十二支		備考
1935年	昭和10年	80歳	亥		傘寿
1936年	昭和11年	79歳	子		
1937年	昭和12年	78歳	丑		
1938年	昭和13年	77歳	寅		喜寿
1939年	昭和14年	76歳	卯		
1940年	昭和15年	75歳	辰		
1941年	昭和16年	74歳	巳		
1942年	昭和17年	73歳	午		
1943年	昭和18年	72歳	未		
1944年	昭和19年	71歳	申		
1945年	昭和20年	70歳	酉		古稀
1946年	昭和21年	69歳	戌		
1947年	昭和22年	68歳	亥		団塊世代
1948年	昭和23年	67歳	子		団塊世代
1949年	昭和24年	66歳	丑		団塊世代
1950年	昭和25年	65歳	寅		
1951年	昭和26年	64歳	卯		
1952年	昭和27年	63歳	辰		
1953年	昭和28年	62歳	巳		
1954年	昭和29年	61歳	午		
1955年	昭和30年	60歳	未		還暦

■ 四季折々の伝統行事

月	陰暦の月名	主な行事	風習
1月	睦月（むつき）	お正月	玄関先や門前に門松を飾る
2月	如月（きさらぎ）	節分	豆まきが行われる
3月	弥生（やよい）	桃の節句	女の子の健やかな成長を祝う
		お彼岸	お墓参りをする
4月	卯月（うづき）		
5月	皐月（さつき）	端午の節句	男の子の健やかな成長を祝う
6月	水無月（みなづき）		
7月	文月（ふみづき）	七夕	短冊に願いごとを書いて飾る
8月	葉月（はづき）	お盆	先祖が家に戻ってくる※
9月	長月（ながつき）	お彼岸	お墓参りをする
		お月見	月をながめ観賞する
10月	神無月（かんなづき）		
11月	霜月（しもつき）		
12月	師走（しわす）	年越し	除夜の鐘を聞いて蕎麦（そば）を食べる

※　7月にお盆を迎える地域もある。

■ 長寿のお祝い

祝いの種類・呼び方		年齢	由来
還暦	かんれき	満60歳	生まれた干支（えと）に戻ることから
古稀	こき	満70歳	杜甫の「人生七十古来稀なり」から
喜寿	きじゅ	満77歳	「喜」の草書体「㐂」が77と読めるから
傘寿	さんじゅ	満80歳	「傘」の略字「仐」が80と読めるから
米寿	べいじゅ	満88歳	「米」の字が「八十八」に分けられるから
卒寿	そつじゅ	満90歳	「卒」の異体字「卆」が90と読めるから
白寿	はくじゅ	満99歳	「百」から「一」を引くと「白」になるから
百寿	ひゃくじゅ	満100歳	百歳を祝うことから

参考文献

- いとう総研資格取得支援センター編『見て覚える！介護福祉士国試ナビ2015』中央法規出版、2014
- 岩下宣子監『社会人になったらこれだけは知っておきたい敬語の基本』大和書房、2010
- 介護福祉士養成講座編集委員会編『新・介護福祉士養成講座5 コミュニケーション技術 第2版』中央法規出版、2013
- 介護福祉士養成講座編集委員会編『新・介護福祉士養成講座4 介護の基本Ⅱ 第2版』中央法規出版、2013
- 介護福祉士養成講座編集委員会編『新・介護福祉士養成講座10 介護総合演習・介護実習 第2版』中央法規出版、2014
- 川村隆彦『支援者が成長するための50の原則──あなたの心と力を築く物語』中央法規出版、2006
- 永崎一則『好かれる話し方 嫌われる話し方』三笠書房、1999
- 西村洋子編『最新介護福祉全書3 介護の基本』メヂカルフレンド社、2013
- 日本介護福祉士養成施設協会編『介護福祉士養成テキスト2 介護の基本／介護過程』法律文化社、2014
- 日本介護福祉士養成施設協会編『介護福祉士養成テキスト3 コミュニケーション技術／生活支援技術Ⅰ・Ⅱ』法律文化社、2014
- 塚田真弓「冬に多発する疾患とケア」『ナース専科』2013年12月号、2013
- 山田浩平『介護現場のヒヤリ・ハットとクレーム対応──やまちゃん先生が解説』エス・エム・エス、2014
- 吉田節子・後藤真澄・川嶋玲子編『ワークで学ぶ介護実習・介護総合演習』みらい、2010

編著者プロフィール

青木宏心　あおき　ひろむね

目白大学人間学部人間福祉学科　准教授

国内初のGerontology（老年学）の研究機関である、桜美林大学大学院国際学研究科博士前期課程老年学専攻を修了。特別養護老人ホームでの介護職員、生活相談員の経験を経て、2008年より現職。社会福祉士、介護福祉士。著書に『社会福祉学習双書2014　第15巻　介護概論』全国社会福祉協議会（共著）、『らくらく暗記マスター　介護福祉士国家試験2015』中央法規出版（共著）などがある。

著者プロフィール（五十音順）

天野由以　あまの　ゆい

目白大学人間学部人間福祉学科　専任講師

日本社会事業大学大学院社会福祉学研究科博士前期課程社会福祉学専攻を修了。特別養護老人ホームでの介護職員の経験を経て、2010年より現職。社会福祉士、介護福祉士。著書に『介護教育方法論』弘文堂（共著）、『新・社会福祉士養成講座13　高齢者に対する支援と介護保険制度』中央法規出版（共著）がある。

石岡周平　いしおか　しゅうへい

町田福祉保育専門学校総合福祉学科　主任

専門学校を卒業後、特別養護老人ホームの介護職員として実習生の受け入れ等を経験し、2002年より母校にて教職員となる。主に介護系科目を担当し、実習施設との折衝や就職指導などにも力を入れている。2009年より現職。介護福祉士。著書に『介護福祉士国家試験対策テキスト　4巻　介護過程とコミュニケーションの理解』日本医療企画（共著）がある。

谷功　たに　いさお

静岡福祉大学社会福祉学部健康福祉学科　准教授
日本社会事業大学大学院社会福祉学研究科博士前期課程社会福祉学専攻を修了。特別養護老人ホーム、老人デイサービスセンターでの介護職員、介護支援専門員の経験を経たのち、介護福祉士養成施設の教員となる。社会福祉士、介護福祉士、介護支援専門員。著書に『2015年版　介護福祉士試験これだけおさえる！合格テキスト』高橋書店（共著）、『福祉の未来形を求めて――７つの分野のキャリア形成と仕事・資格ガイド』言視舎（共著）などがある。

藤田隆広　ふじた　たかひろ

介護老人保健施設グリーンワーフ東戸塚　施設ケアマネジャー統括担当兼介護長代理
法政大学社会学部社会学科を卒業。福祉系専門学校にて介護福祉士資格を取得後、現職場に介護職員として勤務。介護現場で実践経験を積み、2008年より現職。介護福祉士、介護支援専門員。現場で施設ケアマネジメント業務や介護職員の指導・育成を担う一方、介護職員を志す実習生の指導や教育に尽力している。

> 介護実習で困らないためのQ&A
> ──実習生としての心得50

2015年 1月25日 初 版 発 行
2021年11月20日 初版第3刷発行

編著者	青木宏心
発行者	荘村明彦
発行所	中央法規出版株式会社
	〒110-0016　東京都台東区台東3-29-1　中央法規ビル
	TEL 03-6387-3196
	https://www.chuohoki.co.jp/
装丁・本文デザイン	有限会社細工場
イラスト	こさかいずみ
印刷・製本	株式会社アルキャスト

本書のコピー、スキャン、デジタル化等の無断複製は、著作権法上での例外を除き禁じられています。また、本書を代行業者等の第三者に依頼してコピー、スキャン、デジタル化することは、たとえ個人や家庭内での利用であっても著作権法違反です。

定価はカバーに表示してあります。落丁本・乱丁本はお取り替えいたします。

ISBN978-4-8058-5093-0

本書の内容に関するご質問については、下記URLから「お問い合わせフォーム」にご入力いただきますようお願いいたします。
https://www.chuohoki.co.jp/contact/